八巻寛治

365日の学級づくり

中学年編

学級づくり

やまかんメソッドでつくる

最高の教室

八巻寛治 著

JN043668

明治図書

まえがき

　『八巻寛治　365日の学級づくり』は，著者が民間企業（銀行員）や教諭，社会教育主事として勤務し，学んだり，実践したりしてきた約40年間の取り組みを学級づくりという視点でまとめたものです。

　これまで約40年の間に，カウンセリングの技法やエンカウンター，心ほぐしミニゲームなどを中心に，セミナーや研修会などで年平均30〜40回，計500を超える講座を担当してきました。書籍等では，学級経営，特別活動，人間関係づくりなどを中心に，月刊誌で2000本超，単行本で60冊，分担執筆を含めると100冊を超える書籍にかかわらせていただき，売上は38万部を超えています。

　その経験を生かし，若手からベテランまで使える本として提案できるものをまとめました。手にしていただいた皆様には心から感謝申し上げます。

東日本大震災を契機に

　2011年３月11日，未曾有の被害をもたらした東日本大震災。東日本を襲った地震と巨大津波により尊い命が多く失われました。

　筆者は仙台市に住み，勤務地が海沿いであったこともあり，揺れの影響も大きかったですが，津波の恐怖を今でも忘れられません。

　全国の本当に多くの皆様方からご支援をいただき，まだまだこれからのところもありますが，復旧・復興に向かって前進しています。その御礼に，心のケアに関する研修会等で全国を回らせていただきました。その関係もあって，落ち着くまでは単行本の依頼をお断りすることにしました。

　そして震災から10年目の今年，全国に被災地支援の御礼の研修に

伺うたびに，学級づくりや人間関係づくり，今までにない子どもの姿（実態）や親の意識のずれ，同僚との人間関係など，学校・学級における多岐にわたる課題に対応できる本の必要性を感じ，この本を発刊することにしました。

ガイダンスとカウンセリングをベースにしたやまかんメソッド

　本書では，筆者が特に重要と考える８つのメソッドを月ごとに４項目，48事例を紹介しています。

　①児童理解の方法（見取り方）

　②ルールづくり　③リレーションづくり

　④適切なトラブル解決・課題解決（集団の課題）

　⑤適切なトラブル解決・課題解決（個別の課題）

　⑥カウンセリングスキルの活用　⑦ユニバーサルデザイン

　⑧保護者対応

　低学年・中学年・高学年の３冊に分けているのは，それぞれの発達課題や特徴的な傾向の違いに合わせたいと思ったからです。

　低学年は，１年生の小１プロブレム，２年生の中間反抗期。

　中学年は，９歳・10歳の壁，小４ビハインド。

　高学年は，思春期対応，過剰適応やピアプレッシャーなど高学年男女の指導・援助。

　１，２章で最近の子どもたちの理解の仕方や課題対応例を，３章では月ごとの指導事例を紹介しています。学年ごとですが，内容によっては他の学年でも活用できるものもあります。全国の学校で，教師も子どもも笑顔いっぱいになることを願っています。

　2020年１月

八巻　寛治

Contents

1学期の学級経営

2学期の学級経営

3学期の学級経営

序章

今どきの
子どもと保護者の
現状と課題

それぞれの実態に応じた理解と対応
9歳の壁・10歳の壁・小4ビハインドとは？

- ✓ 今どきの子どもと保護者の実態を把握した上で学級づくりをすることが大切
- ✓ 子どもの育ちの姿で対応を考えよう

今どきの子どもと保護者の現状と課題

　筆者は約40年にわたり教師の経験をしてきました。その時代に応じて、子どもと保護者の実態と課題を意識して教育実践に当たってきました。

　令和になった今、子どもたちの様子で気になることがいくつかあります。特に、幼児と中学生によく見られる2つの反抗期（第一次・第二次）だけでは説明がつかないことが度々見られるようになってきました。

　幼児から小学生、中学生、高校生など、発達上の課題を確認すると、小1プロブレムや中1ギャップ等のほかにも2年生の頃の「中間反抗期」、3・4年生頃に起こる「9歳の壁・10歳の壁」、高学年の「思春期」、「中2の悲哀・スクールカースト」などが浮き彫りになってきています。

　筆者は校内研修や授業サポート等で全国の学校に伺う機会がありますが、5年前ぐらいから小学2・3・4年生の学級で落ち着かない状況が増えていると感じています。

　右図「親と子の力関係の変化」では、親の力が実線、子どもの力が点線だとすると、子どもが徐々に力をつけてくると同時に親は子どもに対してかかわる力を減らします。思春期の頃に力関係が逆転し、子どもが自立していくというものです。

　一方、思春期の頃に、我が子にしっかり向き合わなかったり、力を抜いたりしてしまい、クロスした点から平行線になることがあります。一見仲良し

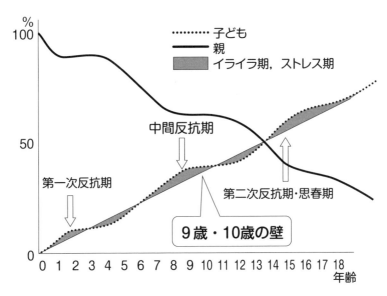

中間反抗期説明図—親と子の力関係の変化—

親子にも見えますが，子どもが自立できないというゆがんだ親子関係になり
やすくなります（田村節子『親と子が幸せになる「ＸとＹの法則」』ほんの森出版）。
　そのことを前提に，子どもの発達課題を次項に紹介します。

今どきの子どもたちの発達と「友達付き合い」に見る人間関係の特徴

中学年の課題と対応・対策

◈ ３年生……９歳の壁・ギャングエイジ　→あたたかい雰囲気と規律ある雰囲気のバランスが大切
　〔学級づくりキーワード〕生活ルールづくり，心ほぐしミニゲーム，保護者との信頼関係，ソーシャルスキル

◈ ４年生……10歳の壁・小４ビハインド　→学校生活のあらゆる場面を生かして，子どもの居場所や活躍できる場を醸成
　〔学級づくりキーワード〕ルールとリレーションのバランス，心理的距離，シナリオロールプレイ，アサーションスキル，カウンセリング技法

幼児期は「浅く広い付き合い」の言葉に象徴されるように，保育園や幼稚園，認定こども園などに通園しているクラス全員が「おともだち」として付き合う。
　浅く広い関係。男女関係なくみんなで交流できる。

低学年では家が近所の子や同じ保育園など，ある程度の関係ができたかかわり合いの友達。
　一部，キャラクターの趣向やゲームなどでかかわる関係も見られるようになる。

高校生は，さらに友達関係が複雑になり，趣味や趣向，価値観が似ている友達との付き合いになる。付き合いにくい相手をうまく避けるようになり，自分の心を許せる相手を求めようとする。

高学年では，さらに気の合う友達と付き合うようになり，特定の子が集まるグループができやすくなる。いわゆる「深く狭い付き合い」になる。

中学生では，さらに「深く狭い付き合い」が顕著になり，心理的距離が近い特定の親友に発展する。特定の友達と付き合う。
部活動や習い事など，教室外でのかかわりも増える。
友達とそうでない子の区別がはっきりしてくる。

中学年では，付き合う相手を自分で選ぶようになる。
相手との意識のずれが生じはじめると，バランスが崩れ，トラブルが起こりやすくなったり，孤立感を感じたりすることもある。

1章

最高の教室
をつくる
学級づくりに向けて

9歳の壁・10歳の壁・小4ビハインドへの対応

✓ 中学年の課題への対応には子どもの内面を理解することが大切
✓ 多面的な見方で子どもを理解しよう

中学年の子どもが抱える現状と課題

　一般的には3・4年生の子どもたちは「ギャングエイジ」と呼ばれ，自分で様々な活動にチャレンジしようとするやる気や意欲にあふれていたり，友達関係をつくったりする時期で，指導しやすいということで，教師の担任希望調査ではいつも人気が高い学年でした。

　ところが，ここ数年全国の学校に訪問させていただくと，3・4年生の学級が落ち着かなかったり，中には荒れた学級と思われる教室も増えています。

　その理由はいくつか考えられますが，次の3点に注目したいと思います。

> **1** 教師の世代交代が加速し，若手教師が増えた（経験の不足による課題）
> **2** 子どもの実態をうまくつかめない
> **3** 子どもの実態の変化・変容に対応しきれない

1 教師の世代交代が加速し，若手教師が増えた

　これは経験の不足によって，授業の展開の仕方や，心理的距離の適切なとり方が難しいことなどが原因と考えられます。

　1年間の指導や援助の目安をもち，できるだけポイントをおさえた学級づくりをしていくことで解決・解消できます。

2 子どもの実態をうまくつかめない

　若手の教師が陥りやすいのですが，子どもの発達段階や発達課題を把握できないのに，自分の考えで対応しようとするため，気持ちが通じにくくなることから起こると思われます。「中学年の子どもが抱える現状と課題」を把握することで解決できます。

3 子どもの実態の変化・変容に対応しきれない

　これは若手もベテランも共に苦戦することです。ルールとリレーションの関係で見ていくと，男性教師はルール重視の傾向を示し，女性教師はリレーション重視の傾向があるようです。下図のように教師のリーダーシップをタテの関係（指導：教えること）とヨコの関係（援助：育てること）ととらえ，メンバーが自分で問題解決するのを援助するのがポイントです。

　指導と援助は，統合されて発揮されることではじめて，指導力となります。指導性が強いか，援助性が強いかという教師自身の対応の目安がもちやすくなります。

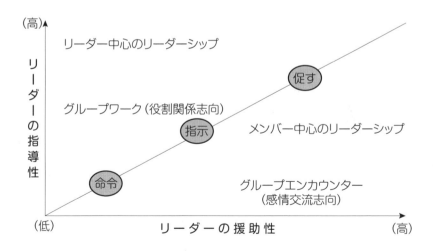

中学年の課題「9歳の壁」「10歳の壁」「小4ビハインド」

　「10歳の壁」とは，小学校4年生前後の時期に子どもが直面しがちな，勉強面の変化や内面的成長を指す言葉で「9歳の壁」「小4ビハインド」(以後,10歳の壁) とも呼ばれることがあります。子どもの共感性が促進されるため，他の人の心を推察できるようになり，自分との違いを意識しはじめる頃の特徴のことです。

　「10歳の壁」の意味や，発生する理由，対応の仕方について紹介します。

「10歳の壁」と発達段階の関係

　「10歳の壁」とは，年齢に応じた子どもの発達段階と深く関連しており，文部科学省は，小学校高学年における発達段階の特徴を以下のように説明しています（「子どもの徳育に関する懇談会（第11回）」3．子どもの発達段階ごとの特徴と重視すべき課題）。

　9歳以降の小学校高学年の時期には，（中略）物事をある程度対象化して認識することができるようになる。対象との間に距離をおいた分析ができるようになり，知的な活動においてもより分化した追求が可能となる。自分のことも客観的にとらえられるようになるが，一方，発達の個人差も顕著になる（いわゆる「9歳の壁」）。身体も大きく成長し，自己肯定感を持ちはじめる時期であるが，反面，発達の個人差も大きく見られることから，自己に対する肯定的な意識を持てず，劣等感を持ちやすくなる時期でもある。

　また，集団の規則を理解して，集団活動に主体的に関与したり，遊びなどでは自分たちで決まりを作り，ルールを守るようになる一方，ギャングエイジとも言われるこの時期は，閉鎖的な子どもの仲間集団が発生し，付和雷同的な行動が見られる。（下線筆者）

子どもの成長は，抽象的な概念も理解するようになる9・10歳の時期に大きく転換するのだということです。

　発達段階に合わせ，小学校の学習では抽象的思考が必要とされはじめます。しかし，子どもの発達には差があるため，まだ抽象的思考を獲得していない子どもが，算数では分数や割り算の学習につまずいてしまい，「10歳の壁」を越えられない子どもが出やすくなるのだそうです。

　9・10歳で小学校の学習についていけなくなる子どもが増えるという事実もあります。原因の一つとして，子どもの「考える力」が育っていないことが挙げられます。暗記・スピード重視の反復学習ばかりやらせることや，日常生活における親とのコミュニケーションが不足し「早く寝なさい」「お風呂に入りなさい」など一方的に指示を受けるばかりの状況などが影響しているそうです。

　また，10歳頃になると「他者意識」が発達し，他人との比較を通じて自分を認識するようになるため，子どもの自己評価や自尊心が低下してしまうこともあります。やきもちなどのネガティブな感情も生まれ，気に入らない相手を無視したり，その人について悪いうわさを流したりといった「関係性攻撃」につながってしまう場合もあるとのことです。

　関係性攻撃（relational aggression）とは，仲間関係を操作することにより，他者に危害を加えることを意図した攻撃行動のこと

　中学年の人間関係づくりにおいては，関係性攻撃への対応を意識したいものです。次のような視点をもって取り組むことが大切だと思います。

・自己肯定感の育成
・自他の尊重の意識や他者への思いやりなどの涵養
・集団における役割の自覚や主体的な責任意識の育成

中学年の学級づくりの留意点

「10歳の壁」への対応策

10歳前後になると，次第に自分の性格や能力などを周りの友達と客観的に比較して，「自分はそれほどできるわけではない」などと感じ，自信を失ったり劣等感を抱いたりしやすくなる傾向にあります。

この時期は，集団を意識して学習や生活に取り組むことができるようになり，友達を中心にした生活，友達から影響を受ける生活に変化します。親や教師の意見よりも友人の意見を大切にし，親からこまごまと干渉されることを嫌がります。自分の考えで判断し，行動する独立心・自立心が育ちはじめてくるのですが，心身ともにアンバランスな時期を迎えるために，トラブルが起こりやすいとされています。

小学校中学年のこの時期の心身の発達には，以下のような特徴があります。

①抽象的で知的な理解を好むようになり，複数の友達とルール（学習や遊び等）を共有し，一定の距離感をもって客観的にかかわることができるようになり，連帯感を感じやすくなります。

②自分のことを客観的にとらえられるようになる一方，発達の個人差も顕著になります。自己肯定感をもちはじめる時期ですが，授業がわかる・わからない，技術的にできる・できない等，発達の個人差も大きく見られることから，劣等感をもちやすくなる時期でもあります。

③集団の規則が一部の子どもだけで共有されてしまうと，仲良しグループが出来上がり，本人たちは遊びの延長や自分たちのグループ関係を維持するつもりでも，必然的に仲間はずれや無視などが生じてきます。

これらを発達段階と教育課程に置き換えて考えると，「①抽象的な思考や他者との心理的距離感」は各教科の授業の中で身に付けることができます。

「③集団における役割意識や主体的な責任意識」は，道徳や学級活動（話し合い活動・係の活動）・日常の当番活動（給食指導・清掃指導）・児童会活

動などを通して育成することができます。

　ただし，「②自己肯定感」については，各教科や領域の中で育まれたものを実際の生活の場で使えるように育てるのが難しい面もあり，生活経験や実態によっては，意図的に取り組まなければならないこともあるのです。

　中学年の学級づくりのスタートには，「自他の尊重の意識や他者への思いやりなどの醸成」を目指し，

> ・安心して自分の気持ちが出せる学級の雰囲気づくり（安）
> ・身近な友達との信頼を深め，心理的に安定してかかわれる距離感のある仲間づくり（近）
> ・それらに短時間で手軽に取り組め，短期間で効果が出ること（短）

が重要だと思われます。

自己肯定感を育む「ルールとふれあい」の関係

　自己肯定感とは，自分という存在を否定するのではなく，欠点や短所も含めたありのままの自分を肯定的に認め，自分らしさを好きになり，身近な人間関係の中で，自分を価値あるものとして思えるようになることだとされています。また，他者への思いやりは，ルール遵守の意識とふれあいが同時に醸成されたときに初めて効果的に身に付くと思われます。

　大人の感覚では，一般的に考えられる「肯定的な言葉（ほめ言葉）」を互いに伝え合えばよい関係ができると思いがちですが，思春期を迎える４年生の子どもたちは，ほめ言葉がわざとらしく感じたり，表面的な薄っぺらい感じととらえたりする場合もあり，自分が言ってほしい言葉を求めていることが多いものです。

　次頁の図は，子どもの心理におけるルール遵守の意識の高低とふれあいの度合いの大小を表した関係図です。

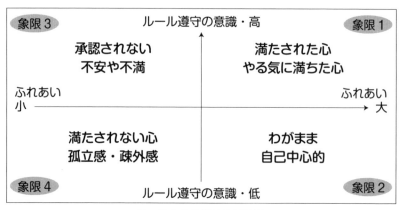

象限3　　　　　　ルール遵守の意識・高　　　　　象限1

承認されない
不安や不満

満たされた心
やる気に満ちた心

ふれあい
小

ふれあい
大

満たされない心
孤立感・疎外感

わがまま
自己中心的

象限4　　　　　　ルール遵守の意識・低　　　　　象限2

ルールとふれあいの関係図

　象限1（右上）は，ルール遵守の意識が高く，ふれあいの度合いも大きい子どもの心理状態です。ルールを守ろうとする努力に応じて（対価）ふれあいの度合いが大きくなるので，十分に満たされた気持ちになったりやる気に満ちたりして，自分と他者の存在価値を同じように重要なものとして認め，受容している関係を表しています。問題や課題に直面した場合も，現実的に解決しようという意識が高く，相手を大切にしようとする気持ちも育ちやすいタイプです（→満足型）。

　象限2（右下）は，ルール遵守の意識が低く，ふれあいの度合いが大きいケースです。ルールを守ろうと努力しなくても，周囲との人間関係がある程度とれることになるので，自己中心的な気持ちをもつ子どもになりやすくなります。自分の思いを優先してしまい，他者からの意見を受け入れない子等が考えられます。わがままで，身勝手な言動が多く，相手の状況を考慮せず自己中心的な言動が多いタイプです（→身勝手傾向型）。

　象限3（左上）は，ルール遵守の意識が高く，ふれあいの度合いが小さいケースです。ルールを守ろうと努力しているにもかかわらず，友達との関係が成立しにくいので，仲間として承認されない不安や不満をもちやすいです。特に他者評価を気にしやすく，友達からのメッセージに敏感な傾向のある

3・4年生の子どもの中には，自己肯定感が低くなりがちで，不本意なことであっても無理に相手に合わせてしまう子どももいます。過剰適応したり，依存が強くなったりする可能性があり，高学年で不登校や，中1ギャップといわれる不適応になりやすいタイプです（→不安傾向型）。

象限4（左下）は，ルール遵守の意識が低く，ふれあい意識も小さい心理状態です。他者への関心が低く，かかわってもらえない状態が考えられるので，満たされない心や孤立感・疎外感を感じてしまう場合も多いです。中には，自分の存在を見失い，自暴自棄になってしまい，生きていくことへ希望を見出せなかったり，学校生活や家庭生活に興味や関心がもてず，意欲を失ってしまいがちなタイプです（→不満内向型）。

タイプ別の3・4年生との関係のつくり方・注意点

中学年の学級づくりでは，ルール遵守の意識とふれあいが醸成されるよう同時にバランスを保ちながら取り組むことが必須の要件になります。何を，どのように指導・支援していけばよいかのポイントを述べます。

指導のポイント① 教師との信頼関係をつくる

我々教師と子どもとの信頼関係をつくるには，心理的なふれあいを通して子どもたちに教師の人間的な魅力を感じ取らせることです。

例えば自己紹介の場面で，自分の趣味や趣向，子どもの頃の話や失敗談など，プライベートなことを語る（自己開示）ことがポイントになります。一挙に伝えるのではなく，朝の会や帰りの会，授業の指導内容に関連させるなど，短時間（ショートやミニ）で，出会いの時期に相応しいエンカウンターのエクササイズや心ほぐしミニゲームを実施することをおすすめします。以下の書籍を参考にしながら，児童理解・学級の雰囲気把握をしましょう。

〔参考にできる図書〕

・國分康孝監修，八巻寛治他編集『エンカウンターで学級が変わるショートエクササイズ集／part２』図書文化

・八巻寛治『構成的グループエンカウンター・ミニエクササイズ56選　小学校版』明治図書

・八巻寛治『心ほぐしの学級ミニゲーム part２　みんながなかよくなれる学級ゲーム』小学館

・八巻寛治『エンカウンターの心ほぐしゲーム』小学館

指導のポイント②　みんなでルールを創り上げる

　この時期は，自尊心が高まる時期でもあるので，学校で決められているルールや教師の考えたルールを一方的に提示するのではなく，「こんなクラスにしたい」という子どもたちみんなの考えや思いを集めながらルールや目標を創っていくと，われわれ意識をもちやすくなります。

　全員の考えを取り入れる，グループで意見を集約する，アンケートをとり，まとめて提示するなど，いろいろなパターンが考えられますが，ルールや目標を一緒に創り上げるという意識をもたせたいものです。

指導のポイント③　課題を出し合い解決するスキルを身に付ける

　授業づくりを通して学習のルールや発言の仕方，相手に対するメッセージの伝え方を学ぶことになりますが，道徳や学級活動の時間に，ルールや目標についての話し合いを行うことをおすすめします。定期的（週１回・月１回・学期１回など）に振り返り，気になることや不安や不満に思うこと，解決したいことを出し合い，課題を設定してスキル的な学習を行います。例えば「けんかのトラブル解決法」「相手もよく自分もよい主張的なかかわり方」などです。

〔参考にできる図書〕

・八巻寛治『社会的スキルを育てるミニエクササイズ基礎基本30　コミュニケーションスキルを高めるために』明治図書

中学年の学級づくりのポイント

　最近の通常学級では，軽度の発達障害をはじめ，多様な援助ニーズのある子どもが共に学んでいることをぜひ実感した上で学級づくりに取り組んでほしいと思います。

　中学年の課題である10歳の壁を意識して支援（援助）教育を進めるためには，次の7つの項目がポイントになります。

「どの子にも居場所のある学級」

「どの子にもわかりやすい授業づくり」

「どの子も学習に集中できる環境」

「どの子のピンチもチャンスに変える課題解決」

「子ども同士のよい関係づくり」

「教師と子どものよい関係づくり」

「教師と保護者のよい関係づくり」

　これらの項目を具体的に実現していく一つのツールとして，自己チェックリストを作成しました。

チェックリストの見方・確認の仕方

　それぞれの項目ごとに4つの質問項目があります。各質問1つにつき1ポイントとし，各項目計4ポイントになります。それぞれの項目をレーダーチャートにしてみましょう（p.28参照）。

　診断する際は次の点に気を付けましょう。

・できるだけ客観的に自己評価できるように，具体的な取り組みをイメージして振り返りましょう。

・同僚や他の人の話を聞きながら，他者評価も取り入れてチェックしてみましょう。

・あくまでも目安として取り組みましょう。

Check! ✓ どの子にも居場所のある学級

- [ ] 子どもが自分の得意なことやよいところに気付くような取り組みをしている
- [ ] 子どもが学校生活に関する目標を立てて取り組み，振り返りをする機会をつくっている
- [ ] 子ども一人一人が自分の役割をもって，学級活動に取り組めるよう工夫している
- [ ] 子どもがクラスのために取り組んだことを，クラス全体から肯定的に認められる場面がある

Check! ✓ どの子にもわかりやすい授業づくり

- [ ] 授業のめあて（課題）を明確に示している
- [ ] 授業の流れがわかりやすい板書を工夫している
- [ ] 子どもが考えやすいように，課題をスモールステップで提示するなどの工夫をしている
- [ ] 子どもが話を聞くときや発表するときのルールを，具体的に示している

Check! ✓ どの子も学習に集中できる環境

- [ ] その日の予定を掲示している
- [ ] 予定の変更を，子どもにわかりやすい形で示している
- [ ] 子どもが持ち物の整理をしやすいように工夫している
- [ ] 教室の横や後ろに掲示物を配置している

Check! ✓ どの子のピンチもチャンスに変える課題解決

- [ ] ルールについて，子ども同士で話し合う機会をつくっている
- [ ] クラスにとって望ましい行動を取り上げ，具体的なルールにしている
- [ ] 望ましい行動を，教室内に掲示している
- [ ] 望ましい行動を取り上げ，すぐに認めている

Check! 子ども同士のよい関係づくり

- ☐ グループワークなど体験を通して自己理解・他者理解を深める取り組みをしている
- ☐ 話の聞き方や話し方など，円滑な関係づくりのスキルを身に付けさせる取り組みをしている
- ☐ 様々な場面で，他者に援助的な言動を取り上げ，ほめている
- ☐ 様々な場面で，他者に配慮した言動を取り上げ，ほめている

Check! 教師と子どものよい関係づくり

- ☐ 自分の方から，子どもにあいさつをしている
- ☐ 朝の早い段階で言動や顔色等の様子に注目し，子どもの状態を読み取っている
- ☐ 子ども一人一人のよいところや得意なところを見つけて，肯定的な声かけをしている
- ☐ 給食準備や清掃などの活動に，子どもたちと一緒に取り組んでいる

Check! 教師と保護者のよい関係づくり

- ☐ 子どものよいところや得意なところを保護者に知らせている
- ☐ 学校や家庭での子どもの様子について，保護者と情報を共有している
- ☐ 懇談会などで，保護者同士の関係を深めるような取り組みをしている
- ☐ 子どもの援助ニーズなどについて，保護者と情報を共有している

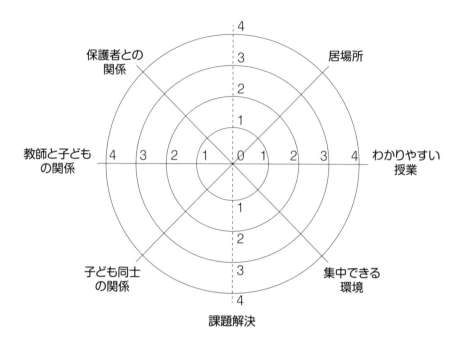

結果の見方

①全体的なバランスはどうか。

②一部だけ落ちている項目はないか。

③自分にとっての強みと弱みは何か。

④今後どこを重点的に取り組めばよいか目安がもてるか。

ガイダンスとカウンセリングをベースにした学級経営

　新学習指導要領の総則や特別活動編には，「ガイダンスとカウンセリングの趣旨を踏まえた指導を図る」ことが示されています。

　「ガイダンス」とは，学校生活への適応や人間関係の形成などについて，主に集団の場面で必要な指導や援助を行うことです。まさに特別活動（学級活動）や生活指導・生徒指導などの学級づくり，道徳的実践力を生かす活動に該当します。

　一方，個々の子どもの多様な実態を踏まえ，一人一人が抱える課題に個別に対応した指導を行うのが「カウンセリング」（教育相談を含む）です。その双方の趣旨を踏まえて指導を行うことが大切とされています。

　特に入学当初や各学年のはじめにおいては，個々の子どもが学校生活に適応するとともに，希望や目標をもって生活できるよう工夫することや，子どもの家庭との連絡を密にすることも大切であると示されています。

ガイダンスとカウンセリングは学級づくりの両輪

　ガイダンスとカウンセリングは，子ども一人一人の学校生活への適応や人間関係の形成，進路の選択などを実現するために行われる教育活動です。子どもの行動や意識の変容を促し，一人一人の発達を促す働きかけとしてとらえることが大切になります。

　中学年においては，学級・学校生活への適応やよりよい人間関係の形成などに関して，教師が子どもや学級の実態に応じて，計画的，組織的に行う情報提供や案内，説明及びそれらに基づいて行われる学習や活動などを通して，課題等の解決・解消を図ることができるようになることが大切です。

　ガイダンスとカウンセリングは，課題解決のための指導・援助の両輪です。教師には，双方の趣旨を踏まえて指導を行うことが求められます。いずれも子どもの発達の支援のためのものですので，相互に関連して計画的に行

うことに意義があると言えます。

　2章では「最高の教室をつくる8つのやまかんメソッド」として，中学年の学級づくりに活用できる次の8つのメソッドの基本形を紹介します。

やまかんメソッド1	児童理解の方法（見取り方）
やまかんメソッド2	ルールづくり
やまかんメソッド3	リレーションづくり
やまかんメソッド4	適切なトラブル解決・課題解決（集団の課題）
やまかんメソッド5	適切なトラブル解決・課題解決（個別の課題）
やまかんメソッド6	カウンセリングスキルの活用
やまかんメソッド7	ユニバーサルデザイン
やまかんメソッド8	保護者対応

　大まかな内容は次の通りです。

1　児童理解の方法（見取り方）

　児童理解のための観察技法とその工夫，心理検査やアンケートを使った客観的な理解の仕方など，具体的で客観的な児童理解の方法やポイントを示します。

2　ルールづくり

　子どもが「われわれ意識を育む」ことで，実感できる自分たちの生活ルールにするためのポイントや具体的な活用法などを紹介します。

3　リレーションづくり

　リレーションづくりのポイントと，特に有効性が確認されている構成的グループエンカウンターや心ほぐしミニゲームなどの手軽に取り組める手法を

紹介します。

4　適切なトラブル解決・課題解決（集団の課題）

　中学年で起こりやすい人間関係でのトラブルや日常の生活において学級内で起こる様々なトラブルを，納得のいく解決方法を使って解決した例を具体的に紹介します。

5　適切なトラブル解決・課題解決（個別の課題）

　10歳の壁など中学年で起きやすいトラブルや課題に対して，主に個別に起こるトラブル対応の仕方について，リフレーミングや問題解決志向アプローチを使った事例を紹介します。

6　カウンセリングスキルの活用

　カウンセリングの技法を使って，子どもや同僚，保護者と適切にかかわるためのカウンセリングの基本を紹介します。

7　ユニバーサルデザイン

　合理的配慮とユニバーサルデザインの考え方に基づいた物理的・教育的環境整備が必要とされています。学級づくりにおけるユニバーサルデザインについて事例を紹介します。

8　保護者対応

　信頼されるための保護者との関係のつくり方や，電話，面談，家庭訪問など保護者とかかわる際のポイントを紹介します。

1年間の見通し

　学級担任は1年間を見通して，学級における様々な教育活動を，子ども一人一人の成長につなげていきましょう。学級経営においては，一人一人が尊重され，安心・安全で楽しい場所である学級をベースとし，子どもたちがかかわり合いながら，互いに高め合える集団を育成していきましょう。

1学期の学級生活では

　1学期の学級生活の課題は基盤づくりにあるといわれています。特に学級開き以後の1週間は「黄金の1週間」と呼ばれるほど，子どもたちにとっても，我々教育に携わる者にとってもお互いを知る上でとても大切な時期です。
　新学期に子どもたちは，学年が進級してクラス替えになる学年でも，そうでない学年でも，なんとなくワクワクしながら期待や不安が交錯します。それはいろいろな人との出会いについてであったり，勉強や運動，新しい担任についてであったりもします。
　教師自身は，今度受け持つ子どもたちはどのような子どもたちなのか，配慮を要する子はいないかなど，希望と意欲や不安などをもっています。多少不安な面があったとしても，1年間をどのように過ごすか，しっかり計画的に学級経営をしようと力が入る時期でもあります。
　群れ的集団として出発した学級に，様々なインフラを導入して，安定した集団に変容させていくことが求められるのがこの1学期だと考えられています。また，発達課題を踏まえて人間関係について指導すべき課題も山積されています。こんなときこそ心がホッとする「癒し系」の活動の出番です。

なぜ構成的グループエンカウンター？

　「癒し系」の活動の中でもおすすめなのが「構成的グループエンカウンター」（以後，エンカウンター）です。エンカウンターは，学校カウンセリング

のかかわり技法の一つとして考え出され，開発的な教育相談として機能するものです。すでに多くの学校で実践され，その有効性は研究報告書や書物などでも紹介されています。

エンカウンターは，ふれあいと自己発見を期待できる集団体験としてブームになっています。多くの学校現場で受け入れられる理由としては，インストラクションやエクササイズ，シェアリングという流れが授業の導入・展開・終末と似ていることや，工夫され，研究されたエクササイズが多く紹介されていることにあると思われます。

特別活動の中では，「特別活動で育成すべき資質・能力」の中の「心身の調和のとれた発達」や「個性の発見と理解」に寄与するものと思います。

また，特別活動の基本的な性格についても「日ごろから学級経営の充実を図り，教師と児童の信頼関係及び児童相互の好ましい人間関係……」（平成20年版小学校学習指導要領 総則）とあるように，早い時期に円滑な人間関係を培ったり，支持的な雰囲気を醸成したりすることは大きな意義があるものと思います。

どのような時期にどのようなことに取り組めばいいか，おおよその目安を立てて（心得て）おくことがこれからの学級づくりに望まれることなのではないでしょうか。

こんな時期にこんな試みを（1学期）

学級の出発「出会い」としての4月

この時期は集団への適応についての子ども個々の不安や緊張を和らげ，学級の中での自分の存在感や所属感をもたせることが課題になります。多少大げさに言うと，特に新しい学年としての時期にどのようにスタートを切れるかがその後の活動に影響してくることになります。

そこで，エンカウンターのエクササイズを通して，楽しい雰囲気で自分のことを紹介したり，級友のよさにふれたりする活動に取り組むことで，親近

感をもてるようにさせたいものです。

　また，今までとは一味違った担任紹介や教師の願い，このクラスをどのようにしたいのか，好きなことや小さい頃の失敗談など，教師側からの自己開示によって教師と子どもとの信頼関係を築くことも大切であると思います。

学級の友達を知ろう５月

　多少落ち着きが感じられるようになる５月は，子どもたちの間に，お互いに認め合う関係を築いて（リレーションを促進して）いくことが課題になります。４月の不安と緊張を和らげた後にさらに「心のふれあい」を目指す積極的な人間関係づくりが求められます。

お互いのよさに気付く６月

　６月はある意味子ども個々が自我を主張し出す時期で，様々な衝突が表面化する時期でもあります。お互いの気心も知れてくると同時に，親しみが出てくるために相手に対する遠慮もなくなり，時には自分本位な行動に走りやすくなることも考えられます。そこで「自己開示」を大切にするような，もう一歩踏み込んだ互いを思い合う仲間（関係）づくりが求められます。他者理解を促進したい時期です。

自分のよさを知る７月

　７月は夏休み前ということもあって，長期の休みに対する不安と喜びで学級集団の規律などが多少緩みがちになり，なんとなく落ち着かない時期です。ここで学級のまとまりを意識させ，雰囲気を引き締め直すような関係づくりをしておくと，２学期の出会いがスムーズになったり，学級としてのまとまりが持続されたりして２学期のスタートを順調に切ることができます。「人のふり見て我がふり直す」のことわざのように，友達のよさに気付いたことを自分自身のこととして振り返らせたいものです。

　このように，１学期の学級づくりにあたっては，「出会い」「ふれあい」

「自己開示」をキーワードに，朝の会や帰りの会，学級活動の時間などに意図的・計画的にエンカウンターに取り組むことにより，「ふれあいと自己発見」を目指した個や集団の支持的雰囲気の人間関係づくりを促進できるということになります。

Point「ホンネとホンネの交流」の促進

2学期の学級生活では，それまでに培ってきた人間関係から，さらにホンネとホンネの交流が促進できる時期です。

子どもたちのそれまでのかかわり合いから，時にはぶつかり合いが見られトラブルになったり，それをもとに友情が深まり親友ができる時期でもあります。また，いくつかのグループができ，集団に心理的な圧力をかける場合もあります。見かけは仲が良さそうでも，助け合ったり協力し合ったりして活動できない等の課題が見られることもあります。

それら子どもたちの様々な実態に対応するためには，教師がエンカウンターのリーダーとしての資質や能力を高め，反発や抵抗などに適切に対応できるようにプランづくりをしたいものです。

2学期の学級生活では

2学期の学級生活の課題は，それまでの子ども同士の関係を生かしてどのように充実させるかにあるといわれています。1学期に培った学級内の人間関係を深めたり広めたりするなど，子ども同士のかかわりが活発になる時期でもあります。

学校行事や児童会行事など様々な活動を通して仲間意識が育まれてくる時期でもあり，ホンネとホンネでかかわれるようになるためぶつかり合うことがあったり，相手を意識しすぎて自分をうまく出せずに孤立してしまう子などが見られはじめるのもこの時期です。

また，クラスの荒れやいじめ，不登校などの子どもの変化が見られるのも

この時期であるといわれています。

　「みんな違ってみんないい」の言葉のように，個性を尊重しながらも支持的な雰囲気の安定した集団に変容させていくことが求められます。

　このような時期だからこそ問題が生じる前に，開発的な教育相談の一技法であるエンカウンターを意図的・計画的に実施し取り組む必要があるのではないかと思います。

こんな時期にこんな試みを（2学期）

学級のリスタート「新たな出会い」としての9月

　この時期は，子どもたち一人一人が夏休み中に体験してきたことを生かしてがんばろうというやる気をもったり，1学期に積み残した課題をやり遂げようとする意欲をもったりする節目の時期です。集団への適応についての子ども個々の不安や緊張を和らげ，学級の中での自分の存在感や所属感を再確認させることが課題になると思われます。

行事に向けての雰囲気が盛り上がる10月

　10月は，子どもたちの間に，お互いに認め合う関係を深めて「リレーションを促進」していくことが課題になります。行事に向けて取り組む際に各自が個性を発揮しながらも，相手のよさを認め（他者理解），心のふれあいを目指す積極的な人間関係づくりが求められるわけです。

様々な行事を通して互いのよさに気付く11月

　11月は，様々な行事を通して互いのよさに気付いたり，本音で語り合ったりするなど個性を発揮する時期ととらえることができます。クラスがなんとなく落ち着かず，荒れが表面化するのもこの頃が多いとの報告もあります。7月の取り組みでも紹介した「人のふり見て我がふり直す」のように，他者理解を通して自分自身を見つめる（自己理解）ことが求められます。

　12月は年の瀬を迎え，なんとなく落ち着かない時期です。クラスで取り組んできた成果を生かして友達のよさや自分のよさを振り返る時期としては最適な時期でもあります。われわれ意識を育みながらも新たな自分のよさを発見するなどの活動も考えられます。

　このように，2学期の学級づくりにあたっては，「ふれあい」「自己開示」「ホンネとホンネの交流」をキーワードに，朝の会や帰りの会，学級活動の時間などに意図的・計画的にエンカウンターに取り組むことにより，「ふれあいと自他発見」を目指した個や集団の支持的雰囲気の人間関係づくりをぜひ促進してもらいたいものです。

Point 「リレーションづくり」から「信頼関係の促進」へ

　私は最近，学級経営スーパーバイザーや教育カウンセラーとして，教師サポート（先生方の悩み相談）にかかわるようになりました。その中の特別活動（学級づくり）にかかわる課題は，学級活動の指導や援助の仕方がわからないと悩む教師が増えていることです。

　特に「現在や将来に希望や目標をもって生きる意欲や態度の形成」（平成29年版小学校学習指導要領 特別活動）を子どもの実態に応じてどのように適切に指導・支援すればよいかという難しさについての悩みが多いのです。中には自発的，自治的な活動という前に，子ども同士の関係や教師と子どもの信頼関係を築けずにいるケースもあります。

　そのようなときに私は，「われわれ意識」を育む学級活動（学級づくり）の実践を勧めています。最近の子どもたちが身に付けにくいといわれる社会性を育むことが，人とのかかわりにとって重要な意味をもつと考えるからです。

　「われわれ意識」とは，自分も含めた学級集団の仲間意識を育てることであり，子ども自身が自分の心の居場所と感じ「自分が必要とされている存在であること」を認識できることにつながるのです。さらに，自分の存在が周

囲の人々から認められ，自己存在感を得ることで，相互に支え合うような支持的な学級風土を醸成することにもなるのです。

　そのようなクラスをつくるためには，普段から望ましい人間関係を育むような取り組みが必要になります。仲間意識を育むことで人間発達の問題を子ども自らが見つけ解決していける能力を身に付けることにもなるからです。

　「われわれ意識」が育まれると，仲間意識が芽生え，好意的にかかわろうとする気持ちが出てきます。自分と心の通い合う仲間がいると，あたたかい友人関係が育ち，そのことが学校生活を楽しく充実したものにします。たとえ多少のトラブルが起きたとしても，問題が深刻になる前に解決することが可能になったり，それを頼りに乗り越えることができたりもします。気心が知れてくると，両親や教師との結び付きよりも友達関係の結び付きが強くなるという例もあります。

　子どもは独立した存在であっても，他の子どもたちとのかかわりを通して成長していくもの，個人と集団の相互作用の中で生き，育ち，成長するものであるという考え方です。その代表例がエンカウンターです。

3学期の学級生活では

　3学期の学級生活の課題は，それまでに育まれてきた子ども同士の関係を，さらにどのように充実させるかにあるといわれています。1・2学期に培ってきた学級内の人間関係をさらに深めたり，まとまりのある学級集団として意識付けたりするなど，親しい関係ができる時期ととらえることができます。

　さらに，学校行事や児童会行事など様々な活動を通して仲間意識から様々なかかわりをする時期でもあり，ホンネとホンネでかかわれるようになるため個性同士がぶつかり合うことがあったり，自分の実力や集団での位置がわかってくることで，自分をうまく出せずに孤立してしまったりする子などが見られはじめるのもこの時期です。

また，いじめが陰湿化したり，不登校が長期化したりするなどの子どもの変化が見られるのもこの時期であるといわれています。よってこの時期には，「みんな違ってみんないい」のように，個性を尊重しながらも支持的な雰囲気の安定した集団（個性がつぶれる豆腐集団ではなく，個性が生きる納豆集団）に変容させていくことが求められます。

こんな時期にこんな試みを（3学期）

新年を迎え「やる気」が感じられる1月

　新年を迎え，いろいろな意味での「やる気」が感じられる1月。この時期は，子どもたち一人一人が冬休み中に体験してきたことを生かして，新たな気持ちでがんばろうというやる気をもったり，2学期に積み残した課題をやり遂げようとする意欲をもったりする節目の時期です。

　子ども個々のやる気をまずしっかり自覚させることと，そのやる気をどのように集団へ反映させていくかという方向性をもたせるために，学級の中での自分の存在感や所属感を再確認させることが課題になります。

行事に向けての雰囲気が盛り上がる2月

　2月は，卒業式などの行事に向けての雰囲気が盛り上がる時期です。

　子どもたちの間に，お互いに認め合う関係を深めて（リレーションを促進して）いくことが課題になります。小学校の高学年から中学校にかけては，リレーションから一歩進んだ信頼関係（トラスト）づくりに高めていくことも可能です。中学年ではその前段階までは高めさせたいです。

　各自が個性を発揮しながらも，相手のよさを認め（他者理解），心のふれあいを目指す積極的な人間関係づくりが求められるようになります。

1年間の活動を振り返る3月

　3月は，これまでの1年間の活動を振り返り，クラスで取り組んできた成

果を生かして友達のよさや自分のよさを振り返ることができる時期です。われわれ意識を確認しながらも新たな自分のよさを発見するなどの活動も考えられます。

　エンカウンターでは，「別れの花束」に代表されるように，節目を大切にするエクササイズがあります。「終わりよければすべてよし」の言葉通り，楽しいことやつらいこと，苦しかったことなど，いろいろな思い出はあっても，互いに切磋琢磨してきた思いやよさを確認し合うことで認め合える関係づくりができるのです。

中学年のエクササイズの選び方は？

　中学年の子どもたちのエクササイズの選び方のポイントは，学級の子どもたちの実態に応じたエクササイズを選定することは言うまでもありませんが，中学年の展開に際しては，「ねらいと経験からの選び方」と「どのような力をつけさせたいかによる選び方」の2つの配慮点も大切にしてほしいと思います。

1　ねらいと経験からの選び方

　「ねらいと経験からの選び方」としては，エンカウンターの次の6つのねらい（目的）と照らし合わせながら選ぶことができます。
　　①自己理解　②自己受容　③自己表現・自己主張
　　④感受性　　⑤信頼体験　⑥役割遂行
　これらエンカウンターのねらいを，中学年の子どもたちと，教科のねらいと関連させてエクササイズを選ぶことになるのです。
　「エンカウンターで学級が変わる」シリーズ〈小学校編 Part 1〜3，中学校編 Part 1〜3，高等学校編，ショートエクササイズ集 Part 1〜2〉（いずれも図書文化）には，典型的（ジェネリック）なエクササイズや，アレンジしたエクササイズなど参考にできるものが多く載っています。また，6つ

のねらいをインデックスなどで表示してあり，わかりやすいのでぜひ活用したいものです。

　特に，私も編集に携わった同シリーズの『ショートエクササイズ集』（図書文化）や『構成的グループエンカウンター・ミニエクササイズ』小学校版・中学校版（明治図書）には，エンカウンターの考え方をシンプルにまとめ，短時間で取り組めるものが多く，教科の時間の導入～終末で活用するなどもできます。初めての方でも選びやすいのでぜひお薦めしたい本です。

■2　どのような力をつけさせたいかによる選び方

　どのような力をつけさせたいかによる選び方とは，発達課題と子どもたちのモチベーションの実態を意識した選び方です。

　小学校の中でも中学年は，徒党を組むようになる時期なので，自分の考えや友達の考えを互いに伝え合うようなエクササイズに多く取り組むことで，お互いを認め合える関係が醸成されるでしょう。また，短時間で取り組めるショート（ミニ）エクササイズを実施したり，いくつかを組み合わせるなど，リレーションづくりにポイントをおいて友達同士でかかわる機会を意図的に設定していくことも大切です。

◈ 教科の時間の活用例は？

　私は，中学年の子どもたちに対する教科の時間の活用のポイントは次の2点にあると思います。

　①ペアやグループを活用し，互いのふり見て我がふり直すエクササイズ

　②集団のかかわり合い（ふれあい）であるが，最終的には個に戻って自己理解を促進できる（自己発見）ようなふれあいを重視したエクササイズ

カリキュラムデザイン例（3年）

	目指す児童像（学校）	目指す児童像（学年）	重点目標	
徳	すなおで 思いやりのある子	やさしい心をもとう	友達のよさを認め，自分を高めようとする子を育てる。	①道徳教育の充実 ②コミュニケーション力…
体	健康でたくましい子	あきらめないでがんばろう	自分の健康に関心をもち，よりよい生活習慣を身につけようとする子を育てる。	①基本的生活習慣の向… ②健康教育と食育の向… ③運動に親しむ態度の…
知	進んで学習し，よく考える子	自分の考えをもとう	課題をもち，生き生きと取り組む子を育てる。	①基礎学力の定着 ②体験学習の充実

	4	5	6	7	8	9	
行事等	始業式，入学式 市・全国学力調査 1年生を迎える会 授業参観・懇談	地区巡視 遠足（野草園） 防犯教室，引渡し訓練	避難訓練（地震） 歯磨き教室 おもしろ祭り 体力・運動能力調査 学区探検	特別参観，懇談 水泳教室サマースクール 個人面談 長期休業前集会	長期休業明け集会	グリーンデー 開校○○周年記念式 陸上記録会 学区民運動会	第1…
道徳	節度ある生活態度 規則の尊重 不そう不屈，努力	正直，誠実，明朗 思いやり，親切 勇気	礼儀 思慮，反省 自然愛，動植物愛護	生命の尊重 勤労，社会への奉仕 信頼，友情	節度ある生活態度	自然愛，動物愛護 勤労，社会への奉仕 不そう不屈，努力	思い… 正直…
学級活動	自己紹介 係・当番活動 給食準備と後始末 図書館の使い方	あいさつをしよう 正しい自転車の乗り方	話し合い活動の進め方 避難の仕方，自分の歯	清潔な体 楽しい夏休み	夏休み明けのくらし方	運動会を成功させよう	読書…
	係・当番活動の計画と内容の確認		話し合い活動の基本			話し合い活動…	
総合	総合ガイダンス（2） 大豆のひみつをさぐろう① ―大豆の栽培―（14） 《たてわり活動（通年）》 《プログラミングを使った学習（年間を通して随時）》		○○町のふしぎを見つけよう（14） ―マップ作り―		大豆のひみつをさぐろう②（8） ―大豆の収穫―		
社会		わたしたちの みんなのまち 導入（2） 学校のまわり（11）	市のようす（10） *のびのび（1）	人々のしごととわたしたちのくらし 導入（農家のしごと）（2）			工場…
国語	きつつきの商売（7） 漢字の音と訓（2）	ありの行列（11） 国語辞典を使おう（3） わたしと小鳥とすず	おもしろいものみつけた（14） くわしくする言葉（2） 道案内をしよう（4）	三年とうげ（6） 本は友達（10）	詩「キリン」（2） へんとつくり（2）	「分類」ということ（14） 反対の意味と言葉（2） 聞き耳ずきん	こそ…
書写	毛筆の姿勢 毛筆で書こう（3）	横画（3）	たて画（3）	筆順と字形	組み立て方の話（2）	おれ（2） 組み立て方（1）	はら…
算数	かけ算（8） 時こくと時間（7）	わり算（11）	水のかさのはかり方と表し方（8）	たし算とひき算のひっ算	長い長さのはかり方（6）	暗算（2） あまりのあるわり算（8）	長方…
理科	植物を育てよう（4）	チョウを育てよう（8）	植物の体を調べよう（6） こん虫をしらべよう（5） ○わたしたちのけんきゅう	○わたしたちのけんきゅう（1）		花と実をしらべよう（3） 日なたと日かげをく…	
音楽	階名になれよう（9） 「海風きって」	リコーダーに親しもう（8） 「さよなら」	いろいろな音のちがいを感じとろう（9） 「おかしのすきなまほうつかい」		ふしのとくちょうを感じとろう（10）	「バードウォッチング」	
図工	色と形の絵の具あそび（3） わたしの休み時間	長ーい紙つくって（2） カラフルねん土の国へ ようこそ（4）	タイヤをつけて出発進行 ほってすって，ひらいて（2）	ゆめをつめこんで（2） ひらめきコーナー（2）		光と色のファンタジー（2） いつものばしょで…（2） すずめ踊りうちわ作り	ようろうのくぎ（4）
体育	かけっこ・リレー（6） 輪遊び（2）	鉄棒運動（5） リズムダンス（3）	陣取り型ボールゲーム 体力運動能力調査	水泳（8） 保健「健康な生活」（2）	水泳（2）	表現○○忍者参上（6） 運動会練習（3）	秋…
重点目標への取り組み（心）	自己紹介 ソーシャルスキルトレーニング（学校生活）	ソーシャルスキルトレーニング（あいさつ） グループ学習の進め方	話し合い活動の進め方 ALTとの交流会（あいさつの仕方）	ソーシャルスキルトレーニング（友達関係）		ALTとの交流会（あいさつの仕方）	
重点目標への取り組み（健康）	基本的生活習慣の確認 外遊び奨励	3分間走 鉄棒カード	歯みがき教室（正しい歯みがきの仕方） 体力・運動能力調査	水泳コース別練習 養護教諭の保健指導	休み明け健康チェック 生活のリズムの回復		
重点目標への取り組み（学力）	学習習慣の定着 2年生の復習 宿題プリント	スキル学習の習慣化（音読・漢字・計算）	学区探検 問題解決学習の取り組み		夏休み前の学習の復習	スキル学習の充実	大…

	重点目標達成のための方策
り成	①道徳の教科書以外にも子どもの実態に合った資料を導入し、指導に活用するとともに、子どもたちが追体験できるよう指導の方法を工夫する。 ②グループ学習や係、当番活動など子どもたちが相互にかかわり合う活動を重視し、互いのよさに気づかせ、助け合う気持ちを養う。 ・対人関係を円滑にするためにソーシャルスキル（人とうまくかかわっていくための技術）を指導する。
	①生活振り返りカードを活用し、自分の生活態度をチェックさせることで、基本的生活習慣の定着を図る。 ②養護教諭、栄養士・栄養教諭との連携をとり、保健・栄養指導を計画的に実践し、保健教育や食育の充実化を図る。 ③学習カードを活用し、一人一人に目標をもたせて、運動への意欲付けを図り、体力向上を目指す。
	①スキル学習の時間の確保、宿題の内容の吟味をし、基礎・基本を確実に身に付けさせるための学習指導の工夫、改善を図る。 ②観察、実験、調べ学習、発表など体験的・問題解決的な学習を取り入れ、自主的に課題を解決する力を養う。

	10	11	12	1	2	3
終業式	第2学期始業式 就学時検診 防災訓練 校外学習	学習発表会 授業参観、懇談（下）	授業参観、懇談（下） 防犯訓練（不審者） 個人面談、とうふ作り 長期休業前集会	長期休業明け集会 避難訓練（休憩時） 校外学習（消防署・交番） 盲導犬体験	授業参観、懇談（下）	授業参観、懇談（上） 6年生を送る会 卒業式 修了式
親切 実,明朗	信頼、友情 愛校心	愛国心 生命の尊重 家庭愛、公徳心	敬けん 信頼、友情	自然愛、動植物愛護 生命の尊重 尊敬、感謝	思いやり、親切 敬けん 郷土愛、公徳心	節度ある生活態度 家族愛
よう	友達のよさを見つける秋の発表会を成功させよう	安全な遊び方	相手を傷つけない方法 冬休みの過ごし方	給食に感謝しよう	室内での遊び方 きれいな教室	1年間のまとめ 春休みの過ごし方
実・ソーシャルスキルの指導の取り組み			話し合い活動の自主的な計画と運営・ソーシャルスキルの指導の取り組み			
みんなが主役だ！　学習発表会（20）			大豆のひみつをさぐろう③―大豆の加工―新聞作り（8）	自分の世界をひろげよう（15） 文化に親しもう	ともに生きる	
こと（10）		スーパーマーケットで働く人（14） ＊のびのび（2）	くらしを守る 導入（2） 火事がおきたら（7）	じけんやじこがおきたら（6） 安心してくらせるまちに（1） ＊のびのび（2）		
言葉（2）	ちいちゃんのかげおくり（11）	すがたをかえる大豆（17） カンジーはかせの音訓遊び歌（3）	せつ明書を作ろう	名前をつけよう（6） 漢字の意味（2） たから物をさがそう（6） 世界の「こんにちは」と文字	漢字と友達（12） モチモチの木（14） 文集作り	「わたしのベストブック」を作ろう（2） 音読発表会をしよう（8）
	はね（3）	文字の中心（1）	横書き（1） 明けましておめでとう（1）	お正月だ、書きぞめだ（1）	まとめ（3）	見つけたよ、調べたよ（2）
方形（7）	大きい数のしくみ（8）	かけ算のひっ算1（14）	ぼうグラフと表（10）	重さのはかり方と表し方（10）	かけ算のひっ算2（10） はこの形（6）	そろばんで計算しよう（2） 3年の復習（4）
う（8）	光を当てよう（8）		明かりをつけよう（8）	じしゃくにつけよう（11）		つくってあそぼう（7）
		曲の気分を感じとろう（8） 「ゆかいな木きん」	音を聞き合って合わせよう（11） 「パフ」		生き生きと歌おう（5） 「きょうりゅうとチャチャチャ」	
キラキラ ヘ（2） ントン	すきなものをすきな色で（4）	くつ下や手ぶくろにまほうをかけると（4） フワフワさんのドアかざり（2）	はんで広げたゆめ（6）	のばせ、せん・線（4） だんだんだんボール（4）	ふしぎなのりもの（4） はこのなかみはひ・み・つ（2）	みんなでつくるファッションショー
会練習	秋の発表会練習（3） 走り幅跳び（3） 力だめし（1）	マット運動（4） とび箱運動（4）	輪遊び（1） 縄跳び（1） ボール運動（1） サッカー型ゲーム（5）	サッカー型ゲーム（5） 縄跳び（2）	リズムダンス（3） かけ足（1） 縄跳び（3）	ベースボール型ゲーム（5） 保健「健康な生活」（2）
	ソーシャルスキルトレーニング（友達のよさ）	秋の発表会 手紙交換	ソーシャルスキルトレーニング（友達関係）	ALTとの交流（歌・ゲーム）		
		縄跳びカード		休み明け健康チェック	うがい手洗いの習慣化	養護教諭の保健指導
べ学習	校外学習（Ａかまぼこ工場、県立図書館）	S市天文台、歴史民俗博物館	冬休み前の学習の復習 →	校外学習（消防署・交番の見学） 盲導犬体験		3年の総復習

学級づくりを意図した学級活動の計画（4年）

内容	学級活動 (1) 学級や学校における生活づくりへの参画	ア 学校や学校における生活上の諸問題の解決 イ 学級内の組織づくりや役割の自覚 ウ 学校における多様な集団の生活の向上		全16時間

予想される議題例	「係を決めよう」「学級のボールを使うときのルールを決めよう」「学級の歩みを残す方法を考えよう」「運動会の合言葉を決めよう」「転入する○○さんようこそ集会をしよう」「係を見直そう」「○学期頑張ったね集会をしよう」「転校する○○さんのお別れ集会をしよう」「遠足を楽しくする工夫を決めよう」「係発表会をしよう」など

内容	学級活動 (2) 日常生活や学習への適応と自己の成長及び健康や安全	ア 基本的な生活習慣の形成 イ よりよい人間関係の形成 ウ 心身ともに健康で安全な生活態度の形成 エ 食育の観点を踏まえた学校給食と望ましい食習慣の形成	全13時間（掲載10時間）
	学級活動 (3) 一人一人のキャリア形成と自己実現	ア 現在や将来に希望や目標をもって生きる意欲や態度の形成 イ 社会参画意識の醸成や働くことの意義の理解 ウ 主体的な学習態度の形成と学校図書館等の活用	全6時間（掲載5時間）

項目	題材	ねらい	学習活動	資料
4月	学級活動 (3) ア 「4年生になって」	学級や学校生活に希望や目標をもち、自分なりのめあてをもって学校生活を送ることができるようにする。	・3年生の1年間を想起し、自分たちの成長について話し合い、問題意識を高める。 ・4年生の一年間の学校生活について話し合う。 ・4年生が終わったときの、理想の自分の姿について話し合う。 ・理想の自分に近付けるためのめあてを意思決定する。	○『楽しい学校生活4年』p.38, 39「4年生になって」 ○がんばりカード ○ワークシート
	学級活動 (2) ア 「気持ちのよい1日を始めるために」	朝の会の意義を知り、1日を気持ちよく、友達と仲よく過ごそうとする。	・朝の会の後、どのような気持ちになるか振り返り、問題意識をもつ。 ・朝の学級の様子のイラストを見て、気付いたことを出し合う。 ・朝の挨拶をした後に、どのようなことをしたらよいか話し合う。 ・職場でも朝の会が行われていることを知る。 ・朝の会を活用するために自分のめあてを意思決定する。 ・教師の説話を聞く。	○『楽しい学校生活4年』p.18, 19「気持ちのよい一日を始める朝の会」 ○がんばりカード
	関連する学校行事や諸活動	始業式、授業参観		
5月	学級活動 (2) ア 「あいさつを使い分けよう」	相手や状況に合わせた挨拶が大切であることを知り、進んで実践しようとする。	・適切な挨拶についての問題意識を高める。 ・さまざまな挨拶の仕方とその理由について、話し合う。 ・これから、どのような挨拶をしていきたいか、意思決定する。 ・教師の説話を聞く。	○『楽しい学校生活4年』p.20, 21「あいさつを使い分けよう」 ○がんばりカード
	学級活動 (2) イ 「自分と友達のよいところ」	自分のよさや友達のよさに気付き、互いに認め合い、尊重し合うようにする。	・「よいところさがし」についての問題意識を高める。 ・p.26の絵を見て、AさんとBさんのよさを出し合う。 ・よさを見つけ合って、どのようなよいことがあるか話し合う。 ・p.27の絵を見て、自分と友達の「よいところさがし」をする。 ・これから、「よいところさがし」について自分ができることは何かめあてを考え、意思決定する。 ・教師のまとめの話を聞く。	○『楽しい学校生活4年』p.26, 27「よいところさがし」 ○がんばりカード ○ワークシート
	関連する学校行事や諸活動	遠足、身体測定、縦割り遊び		
6月	学級活動 (2) ア 「物を大切にしよう」	物を大切にすることで、自分もみんなも気持ちよく生活できることに気付き、進んで実践しようとする。	・物を大切にすることについての問題意識を高める。 ・物を大切にするためにどのようなことができるか、話し合う。 ・これから物を大切にするためにどのような工夫をしていくか、自己決定する。 ・教師の説話を聞く。	○『楽しい学校生活4年』p.22, 23「物を大切にしよう」 ○がんばりカード ○ワークシート
	学級活動 (3) ウ 「知りたい 調べたい わかりたい」	自主的に学習する場としての学校図書館や、パソコンの意義を理解し、進んで活用する。	・自分の調べ学習についての問題意識を高める。 ・学校図書館で調べるよさについて話し合う。 ・パソコンで調べるよさについて話し合う。 ・これからどのように調べ学習を行うか、意思決定する。	○『楽しい学校生活4年』p.44, 45「知りたい 調べたい わかりたい」 ○がんばりカード ○ワークシート
	関連する学校行事や諸活動	歯みがき教室、避難訓練、授業参観		
7月	学級活動 (2) ア 「交通事故ゼロ作戦」	交通事故が起きやすい場所や時間を知り、事故に遭わない方法を考え実践しようとする。	・交通事故に遭いやすいときについての問題意識を高める。 ・交通事故に遭わないためにできることについて、話し合う。 ・これから、どのように交通事故に気を付けていくか、意思決定する。 ・教師の説話を聞く。	○『楽しい学校生活4年』p.30, 31「交通事故ゼロ作戦」 ○がんばりカード
	関連する学校行事や諸活動	安全教室、七夕集会、終業式、夏季休業		

9月	学級活動 (2) ウ「地しんにそなえて」	地震には様々な危険が潜んでいることを知り、避難の方法など進んで考えようとする。	・地震について知っていることを交流し、避難の大切さについて問題意識を高める。 ・地震が起きたとき、どこに、どのような危険があるか、またその避難方法を話し合う。 ・地震に備えて、今の自分にできることを考え、意思決定をする。 ・教師のまとめの話を聞く。	○『楽しい学校生活4年』p.32, 33「地しんにそなえて」 ○がんばりカード
	学級活動 (2) イ「みんながえがおになる、まほうの言葉」	言葉の使い方によって起こる様々な感情に気付き、友達に温かい言葉を使おうと進んで実践する。	・言葉についての問題意識を高める。 ・友達を大切にする言葉について話し合う。 ・教師のまとめの話を聞く。	○『楽しい学校生活4年』p.24, 25「友達を大切にする「ふわふわ言葉」」 ○がんばりカード ○ワークシート
	関連する学校行事や諸活動	始業式、防災教室		
10月	学級活動 (2) エ「楽しくおいしい給食」	給食の時間のきまりや楽しい食事の在り方について考え、気持ちのよい食事ができるようにする。	・日常の給食の時間の様子を想起させる。 ・給食準備中と給食中の絵を見て、給食を気持ちよく食べるために直したいところを話し合う。 ・「食事のマナー」について、知っていることや、その大切さについて話し合う。 ・これから、給食の時間のきまりをどのように守っていきたいか、意思決定する。 ・教師のまとめの話を聞く。	○『楽しい学校生活4年』p.34, 35「楽しくおいしい給食」 ○がんばりカード
	関連する学校行事や諸活動	運動会、授業参観、縦割り遊び		
11月	学級活動 (3) ウ「どうして勉強するのかな」	自分の将来への見通しをもち、学ぶことの意義について理解し、進んで実践する。	・自分の夢について再確認する。 ・p.46を参考にしながら、自分の夢の実現へ向けて、必要な学習について考え、班の友達と話し合う。 ・絵を見て、自分の家庭での学習時間について考え、気付いたことを発表し合う。 ・夢の実現へ向けた自分のめあてを決める。	○『楽しい学校生活4年』p.46, 47「どうして勉強するのかな」 ○がんばりカード ○アンケート
	関連する学校行事や諸活動	避難訓練、学習発表会		
12月	学級活動 (3) ウ「ピカピカそうじ大作戦」	掃除の大切さや意義を知り、進んで掃除に取り組もうとする。	・自分の掃除への取り組み方について、問題意識を高める。 ・掃除をするときの気持ちを考えて話し合う。 ・これから、どのような気持ちで、どのように掃除をしていくのか意思決定をする。 ・「自分のめあて」を記入する。	○『楽しい学校生活4年』p.42, 43「ピカピカそうじ大作戦」 ○がんばりカード
	関連する学校行事や諸活動	終業式、大掃除、冬期休業		
1月	学級活動 (2) ウ「見すぎ、やりすぎSOS!」	テレビやゲームによって生活や健康に支障を来さないよう、節制できるようにする。	・適切なテレビやゲームの使用についての問題意識を高める。 ・長時間テレビを見たり、ゲームをしたりすることについて話し合う。 ・これからどのようにテレビやゲームを使用していくのかを意思決定する。 ・教師のまとめの話を聞く。	○『楽しい学校生活4年』p.28, 29「見すぎ、やりすぎSOS!」 ○がんばりカード ○ワークシート
	関連する学校行事や諸活動	始業式、授業参観		
2月	学級活動 (2) ウ「食べ物の働きを知ろう」	自分たちが食べている物に関心をもち、体のことを考えて、バランスのよい食べ方をする。	・食べ物アンケートを基に、人によって食べ物に好みがあることを知る。 ・体の中に入って、それぞれの働きをしている食べ物のことを知り、自分の食べ物について振り返る。 ・共通する食事である、給食の数日分の材料について話し合い、実際に3つの働きに分けてみる。 ・これから、給食や自分の食事をどのように食べていくか「自分のめあて」を決める。	○『楽しい学校生活4年』p.36, 37「食べ物の働きを知ろう」 ○がんばりカード ○ワークシート
	関連する学校行事や諸活動	豆まき集会		
3月	学級活動 (3) ア「今の自分が明日の自分をつくる」	自分のよさや成長を見つめ、将来の生き方について考え、希望や目標をもって実践する。	・今の自分と、これまでの活動について振り返る。 ・よりよい人生のためには、どのような力が必要なのかを話し合う。 ・今とこれからをさらによくするために、努力することについて話し合う。 ・自分の課題に合った「努力すべきことや方法」を決め、発表し合う。	○『楽しい学校生活4年』p.40, 41「今の自分が明日の自分をつくる」 ○がんばりカード ○ワークシート
	関連する学校行事や諸活動	6年生を送る会、修了式、春期休業		

2章

最高の教室をつくる

8つの

やまかん
メソッド

やまかんメソッド
8つの対応

✓ ガイダンスとカウンセリングの考え方を取り入れよう
✓ 学級づくりの基礎・基本を知り，手軽に活用しよう

やまかんメソッド① 児童理解の方法（見取り方）

児童理解はアセスメントの考え方で！

　4月の児童理解は，情報の収集（状況把握）から始まります。一概に児童理解といっても，実態把握（アセスメント）の方法は様々ありますが，私はカウンセリングや特別支援などでよく取り組まれているアセスメントの考え方で実施することがオーソドックスでよいと思っています。

アセスメントの意味

　アセスメント（児童理解）は，子どもにどのような指導・援助をするのかを決定するために必要な情報を収集・共有・判断・検証するプロセスと言えます。

　アセスメントは，様々な情報を共有し合いながら，
「現時点ではこういう状況かもしれない」
「このかかわり方が有効かもしれない」
という仮説を立て，実際の対応によってその仮説を検証，修正していく営みとしてとらえることができます。

　主な3つを紹介します。

▧ 行動観察法

　学級内の子どもの行動を観察し，その記録を分析する方法です。行動観察では，できるだけ客観的な記録をとることが大切です。留意点としては，観察の視点を明確にすること，そのときの周囲の反応も観察すること，場合によっては頻度や間隔に着目すること等が挙げられます。

▧ 面接法（聞き取り）

　保護者や本人，関係者から直接的に情報収集する方法です。相手との関係をつくりながら，傾聴・共感・受容といった態度で聞いていきます。「子どもを十分に伸ばすために，お互いに協力し合いましょう」（共感的な理解）という姿勢が大切です。

▧ 心理検査法

　最近では学級集団と個人との関係を客観的に調査する方法としてＱ－ＵやＫＪＱ，アセス等の心理検査が開発されています。それらを活用して，客観的なデータを収集し，子どもや学級の状態及び発達段階や特性を明らかにする方法です。集団意識調査や社会生活能力検査等，様々な検査があります。

　アセスメントのためには，大きく分けて３つの分野の情報を集めます。

> 1　「その子ども個人」の情報
> 2　「その子どもを取り巻く他者や環境」の情報
> 3　「その子どもと他者や環境とのかかわり」の情報

　それぞれのチェックポイントは次の通りです。

Check! ✔ 「その子ども個人」の情報

- ☐ 学習面，進路面，生活面において，よいところや苦しんでいるところはどんなところか？
- ☐ どのような状況のとき，どのように感じ，考え，行動したか？（具体的に）
- ☐ 得意なことや興味があること，優れている点，ウリは？（強みと弱み）

Check! ✔ 「その子どもを取り巻く環境」の情報

- ☐ 家族構成や家族の特徴は？
- ☐ これまでの学校生活での特徴的なエピソードは？
- ☐ これまでに同じような経験は？　そのときの乗り越え方や有効だった方法は？

Check! ✔ 「その子どもと他者や環境とのかかわり方」の情報

- ☐ 問題行動が起こったり，継続したりする場面状況は？
- ☐ 誰が，どのようにその子どもをサポートしたり，力になれたりする？
- ☐ これまでのかかわりの中で，効果的だったことや役に立ちそうなことは？

情報の判断（対応方針の決定）

共有された情報をもとに，次のことをチームで判断していきます。
○誰が，どのようなときに，どのように「苦戦」するのか？
○誰が，どのような援助ニーズをもっているのか？（弱み，強み）
○どのような指導・援助方針や目標をもつか？

情報の検証（方針や対応の検討・修正）

対応方針に基づいて実行策を決定し，さらにその検討や修正をしていく際のポイントです。

50

①誰が，誰に，いつまでに，何をするかを決定し，実行する。

②次回チーム会議の場で，うまくいった点，改善が必要な点，新たな方策が必要な点を話し合い，①の形で次の対応を実行する。

定点観察と移動観察を大切に！

前述の視点は，毎日生活を共にしながら，徐々に理解していくことになりますが，毎日手軽にできることに「定点観察と移動観察」があります。

筆者が銀行員時代に，窓口（テラー）を担当していたときに，自分から見えるお客様の様子と，ロビーから見られている自分たちや店内の様子の両面を見ることで，気付いていなかったことや気になったことを改善したという経験から実施したものです。

定点観察は，教師が前に立ったときに見ている子どもの様子で，表情や気持ちを理解するのに適しています。

移動観察は，意図的に子どもの横や後ろに行き，姿勢や手足の状態から様子を観察することができるものです。

観察して疑問に思ったことや気になったことは，付箋紙にメモ書きして後で個人ファイル（ノート）などにまとめて使用します。

その後，心理検査で疑問に思ったことの解決に役立てたり，必要な場合は，意図的に面接をしたりして，子どもの内面の理解に役立てることができるのでおすすめです。

やまかんメソッド② ルールづくり

生活ルール・子どもの内なる思いの表出

　学級のきまりや約束と呼ばれる規則的なものは，子どもたちが守らなければならない「表」のルールです。一方，中学年の学級づくりで大切にされる「生活ルール」は，担任と子どもたちで創り上げる「内」なるもので，学級の質を高めるものになります。俗に言う「学級の雰囲気づくり」です。

　私は２つの「じりつ」，「われわれ意識」の醸成，支持的学級風土，安心・安全・安定な「生活ルール」，失敗や間違いが許されることの５つが大切だと思います。

２つの「じりつ」

　学級経営の目標として肝心なのが，各々の学年ごとに子ども自身が「自立」することです。

　その前提に必要なのが，自分を律する「自律」だと私は思います。自律とは，他からの支配や助力を受けず，自分の行動を自分の立てた規律に従って正しく規制すること（三省堂大辞林）です。

　学級の状態の一つで「管理型」「なれあい型」の学級風土があるとすると，２つの「じりつ」は成立しません。なぜならルールが教師からの一方的な指示（力関係）であったり，規範意識が育ちにくい環境（気さくな友達関係）になったりするからです。

「われわれ意識」の醸成

　進級の喜びや不安の解消を基盤に据えた学級経営で大事なことは「ルールとリレーションのバランスのとれた学級経営を心がける」ことです。

　中学年になると，意欲・興味をもち，自発的な行動を促される場面や事柄が増えていきます。低学年では見られなかった，新しいコミュニティや経験への興味・関心が芽生えはじめ，自分や家族，近しい友達から，さらに他者へと広がっていきます。友達関係も２〜３人の活動から５〜８人程度の仲間と協力できるようになり，学級も意識するようになります。

支持的学級風土とは

　支持的学級風土とは，学級の子どもたちが感じ受容する，教室を支配する雰囲気を指す言葉です。風土は，集団の雰囲気のことで，学級におけるよき風土づくりが学級経営上の切実な課題になります。

　この風土は，防衛的風土と支持的風土の２つに分けられ，前者が，拒否的，攻撃的，対立的な集団関係にあるのに対して，後者は，親和的，許容的，安定的な集団関係を助長し高めるといわれています。学級の子どもたちにとって望ましいのは，支持的風土の支配する環境が整えられた状態だとされています。

安心・安全・安定な「生活ルール」

　中学年の子どもたちが，不安や悩みを感じることなく生活できる学級を創り出すことができることが生活ルールの鉄則です。私の考える生活ルールのベースは次の３つです。

①どの子どもにとっても居心地がよい学級風土（安心）
②失敗や間違いが気持ちよく受け入れられる学級風土（安全）
③学び合いのある風土（安定）

⬇

〔子どもたちへの具体的な提案例〕
①クラスのみんなが，いつも笑顔でいる。
②「失敗」や「間違い」を笑ったり馬鹿にしたりしない。
③困ったときに助け合う。

失敗や間違いが許される？

　人と人の間（人間関係）には，失敗や間違いが起きる場合もあるということを認識した上で，ルール上の多少のゆるみがあると，一定の心理的距離を保つことができると思います。それが友達関係での信頼感や関係性を保ちます。
　〔合言葉の例〕
　教室は失敗してもいいところ・勉強を間違えてもいいところ

中学年の生活ルールチェック例

 生活ルール〜道具・教室環境編

☐ 靴箱（かかとをそろえて入れる）

☐ 傘立て（しっかり巻き付けて開かないように）

☐ ロッカー（入れる物と入れ方を決める）

☐ 帽子掛け（上下左右で互いに気をつかう）

☐ 共用の道具〈マジック・鉛筆削り等〉（位置を指定する・向きをそろえる）

☐ 給食着掛け（番号順になっている）

☐ 掃除ロッカー・雑巾掛け（整えて置いてある）

Check! ✓ 生活ルール〜メンタル編

- ☐ 給食・掃除は全員が主役（当番だけでなく，仕事分担がない人も共に働く）
- ☐ 係活動（やったことへの評価をもらう）
- ☐ 朝の会・帰りの会（一日の生活の様子がわかる／不満や苦情はその日のうちに解決・解消）
- ☐ 言葉づかい（原則は敬語と丁寧語）
- ☐ いじめはないか（しぐさや言動）

学級のルールづくりのポイント

- ☐ 学校・学年のルールと整合性が保たれているか
- ☐ 子どもが，学級を良くするための必然性を感じていることをルールとしているか
- ☐ 子どもの成長に合わせて，学級のルールを見直す話し合いの機会を設けているか
- ☐ 叱るときに明確な基準を設けているか
  （例えば，けがや命の危険につながる行為をしたとき・悪口や嫌がらせなど，いじめや差別につながる行為をしたとき・同じことを3回指導されても改善されないとき）
- ☐ ルールを守ることの大切さに気付かせる活動や言葉かけをしているか

　行事等を通して子ども一人一人が自分自身の成長を実感したり，学級や学年のまとまりを感じたりするなどして「われわれ意識」を育むことができるようにさせたいものです。

やまかんメソッド③ リレーションづくり

子どもはよい集団の中でこそよりよく育ちます！

　よい学級集団には，ルール（規律）とリレーション（親和的な交わり）が
バランスよく保たれています。ルールの確立とは，対人関係における約束や
集団での活動の仕方が全員に理解され，行動として学級内に定着しているこ
とです。

　一方，リレーションの確立とは，ふれあいのある本音の感情交流がある状
態のことをいいます。

　よって，学級集団に支えられて個が育ち，個の成長が学級集団を発展させ
るという相互作用により，子ども一人一人が大きく成長します。

　ルール（規律）には，「共有する目標や約束事がある」「一人一人に役割や
役割意識がある」「その学年・学級に応じた秩序がある」の３つが必要です。

　リレーション（親和的な交わり）には「互いに認め合う関係がある」「互
いに助け合う関係がある」「本音の感情交流がある」の３つが必要だといわ
れています。

エンカウンターをやれば解決？

　リレーションづくりの代名詞といえばエンカウンターです。前述のように
エンカウンターは，用意されたエクササイズを実施し，その後にシェアリン
グを実施することで，リレーションを促進するといわれています。全国の教
育現場や学校等で認知され，それぞれ実績を上げています。

　かくいう筆者も，エンカウンターを学び，実践し，その成果やよさを，書
籍（※参考にできる図書参照）や研修会，セミナーなどでお伝えしてきました。

　よく質問されることに「リレーションを促進するのに有効なエンカウンタ
ーは，何年生で実施するのが大切ですか？」というものがあります。

多くの方は高学年で実施することがよいとお考えのようですが，「10歳の壁の課題を考えるとき，おすすめは中学年からです」と返答しています。

学級の実態＋教師のかかわり方

下図は，ルールとリレーションの関係を，指導性と援助性の大小で表した図です。

「ルール・指導性」が大きい場合は，教えることが多くなり，教師の積極的なかかわり方が自然に増えることになります（タテの関係）。

一方「リレーション・援助性」が大きい場合は，任せることが多くなり，教師のかかわりは少なくなり，メンバー中心のかかわり方が増えることになります（ヨコの関係）。

図からわかるように，指導性と援助性が統合されて発揮されることで，それぞれの学級の実態に応じて軽重のバランスを考えることが大切であると思います。

カウンセリングの考え方では，教師がリーダーシップを発揮する内容は，場面によって変わってくるという意味があり，グループワーク（役割関係志

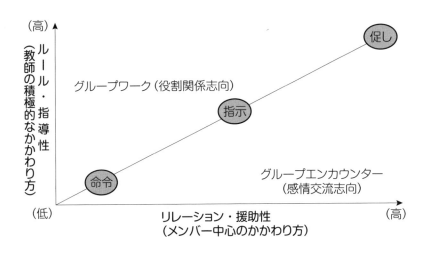

向）とグループエンカウンター（感情交流志向）の２つに分けて考えられることもあります。

　指導も援助も実態に応じて対応すればよいことになりますが，10歳の壁の対応を考えると，中学年はルールを尊重しながらも「リレーションづくり」をメインに取り入れることで，心を育てることになり，メンバーが自分たちで問題解決するのを助けることにつながると思います。

中学年のリレーションづくりのポイント

　リレーションづくり（親和的な交わり）には，「互いに認め合う関係がある」「互いに助け合う関係がある」「本音の感情交流がある」の３つが必要だと前述しました。

　では，中学年では具体的にどのようなことに配慮して実践するとよいのでしょうか。

　子どもが学校で最も長い時間を過ごすのは授業時間です。日々の授業でのかかわりを少し意識した，中学年の子どもに合ったリレーションづくりのポイントを紹介します。「担任自身のかかわり方の配慮」「環境設定の配慮」「エクササイズやゲーム，レクリエーションを実施する」の３点です。

1　担任自身のかかわり方の配慮

・発言やがんばり，よさを多面的に認め，紹介する
・目立たない子の意見も意図的にとりあげる
・間違った答え，失敗した言動も大事にする
・友達の意見にうなずいたり拍手したりするよう促す

2　環境設定の配慮

・自分の考えをペアやグループ内で発表する活動を多く取り入れる
・授業の最後に，わかったことや感想，なるほどと思った友達の意見を言

う振り返りの場を設定する
- 朝の会・帰りの会で，子どもたち同士が認め合える場を設定する
- 一人一人に役割のある班活動や当番を取り入れる 等

3　エクササイズやゲーム，レクリエーションを実施する

　学級活動を利用して，学級の楽しいイベントを子どもたちの手で企画させたり，授業の導入，朝の時間・帰りの時間などを利用してゲームやエンカウンターのエクササイズに取り組んだりすることもリレーションづくりに有効です。ショートやミニ（短時間）で実施することもおすすめします。
- 質問じゃんけんやサイコロトーキングなどのエクササイズ
- グループ対抗○○合戦やビンゴ等（学習ゲーム）
- 学級○○大会（集会やイベント）

〔参考にできる図書〕
- 國分康孝監修，八巻寛治他編集『エンカウンターで学級が変わるショートエクササイズ集／part２』図書文化
- 八巻寛治『構成的グループエンカウンター・ミニエクササイズ56選　小学校版』明治図書
- 八巻寛治『小学校学級づくり　構成的グループエンカウンターエクササイズ50選』明治図書
- 八巻寛治『心ほぐしの学級ミニゲーム part２　みんながなかよくなれる学級ゲーム』小学館
- 八巻寛治『エンカウンターの心ほぐしゲーム』小学館

やまかんメソッド④ 適切なトラブル解決・課題解決（集団の課題）

意識のずれの解消を基盤に！

中学年のこの時期に多いトラブルの特徴はありますか？
中学年では，どのようなことに気を付けて対応するといいですか？

学級内で起こる様々なトラブルは，解決が急がれる場合が多いですが，子どもたちが成長するチャンスととらえることもできます。

子どもが自らの力で，クラスで団結して，トラブルを解決できれば，それは課題解決における「主体的で対話的な学び」として実践できます。

発達課題の頁で紹介したように，中学年には9歳の壁・10歳の壁・小4ビハインドといわれるものがあり，友達と仲良くしようと自分なりに努力してルールの意識を高くもっても，ふれあいが少ない場合不安や不満が残りやすくなります。

多くの場合，お互いの意識のずれが原因である場合が多いので，進級の喜びを維持しながらも，安心して登校できるような，不安や悩みの解消を基盤に据えた学級経営を行っていきましょう。

トラブルも「想定内」

トラブルと聞くと，問題のある学級と思われないか不安になり，慌てて対応・対処しなければならないと考えがちですが，中学年ではあって当たり前，「想定内」ととらえましょう。逆に，そのトラブルがクラスのターゲットスキルと思うと指導の方針が定めやすくなります。

よい学級とは，問題のない学級ではなく，「問題を自分たちのこととらえ，どのように解決できるか」にあります。「失敗」や「間違い」は，自分

たちにとって新しい課題であることを認識できるように配慮しましょう。

活動1：「貸し借りで起こるトラブル」

ねらい 　友達との貸し借りで起こりがちなトラブル場面をもとに，貸した側と借りた側の間に意識の違いがあることや，伝え方が適切だとトラブルになりにくいことに気付くことができる。

問題の意識化

(1)　忘れ物をしたときに，「貸し借りで起こるトラブル」があることを振り返る（筆記用具等）。

　　〔絵具セットの貸し借りエピソードの例〕

　　・いつも忘れて借りに来る

　　・使って汚したまま返されるので自分が使うときに気持ちよく使えない

(2)　貸してあげる役Bと借りる役Aになって，「絵具セットの貸し借り」をテーマにシナリオロールプレイする（活動①）。

〔状況設定のシナリオ例〕

　Aさんは，図工の時間に絵具セットを忘れてしまうことが多いので，幼なじみの隣のクラスのBさんのところに借りに来る。

　最初の頃は仕方なく貸していたBさんだが，Aさんが使って汚したまま返すので，Bさんが使おうとしたときに使えなくなってしまった。

　何度か気を付けるように言ったが，相変わらずそのまま返してくる。Bさんは，Aさんを傷つけないように言いたいと思っているのだが……。

　※A，Bのやりとりを中心に，観察者的な立場で2人の気持ちを理解できるように配慮する。

(3)　ロールプレイの様子から，気付いたことや感じたことを発表する（ロールプレイして，ロールプレイを見て）。

(1)　トラブル場面のロールプレイから，Ｂ役の立場で，相手にわかりやすく
　　気持ちを伝えるにはどのようにしたらよいかという視点で，気付いたこと，
　　感じたこと，提案したいこと等を振り返り発表する。

(2)　出されたことをもとに，自分だったらどのように伝えるかを自己決定す
　　る。「自分もよく相手もよい解決の方法」を確認し，ロールプレイする
　　（活動②）。
　　※主張的に相手に気持ちを伝える方法がよいことを確認する。

(3)　「トラブル解決」のためのポイントをもとに，やった活動②が活動①と
　　どのように違っていたか，話し合いで出た気付きや感想，実感したことを
　　発表し合う。

活動２：課題解決のロールプレイ「質問する」

ねらい　相手の感情を知って折り合いをつける。

インストラクション

教　師　昨日の学級活動の話し合いの時間に，Ｂさんが質問されたときに，
　　　　　Ａさんと口げんかになってしまいましたね。「質問」にはどのよう
　　　　　なものがあるかわかって，お互いのためになるようにしましょう。

Ｂさん　ぼくはＡさんから質問されたときに質問と言いながら，それはダメ
　　　　　だと言われているような気がしました。

Ａさん　私はそんなつもりはなくて，どうしてそう考えたか聞きたかっただ
　　　　　けでした。Ｂさんが涙目になってびっくりしました。

教　師　ＡさんはＢさんの気持ちを聞こうとしたようですが，自分の考えが
　　　　　入っていて，Ａさんが意見を言っているようでした。そうなると相
　　　　　手は非難されているように感じてしまう場合もありますよね。
　　　　　そうならないような質問の仕方を学びましょう。

(1) 「質問」の種類と仕方を覚える。

　　質問には「ハイとイイエ」や一言で答えられる質問と，相手の気持ち
を知る質問がある。

　　相手のことをわかるための質問としては「もう少しくわしく言う
と？」「例えばどういうこと？」など相手の気持ちや考え方を聞く質問
がある。

(2) 代表児童がロールプレイをする。

A　役　　Bさんに質問します。みんなで休み時間に遊ぶということですが，
　　　　　どうなると成功したことになるのですか？

B　役　　遊びたいことをみんなからアンケートして何をやるかを決め，ルー
　　　　　ルも決めます。やってみて振り返りをして全員満足したら成功です。

振り返り

　　ロールプレイを見て振り返り，自己決定する。

Aさん　質問はただ聞けばよい，簡単だと思っていましたが，相手の考えを
　　　　否定したりしてしまうことがあるとわかったので，気を付けたいと
　　　　思います。

Bさん　ぼくは質問するとき「なぜ」「どうして」と聞いて，「強く言わない
　　　　で」と言われたこともあるので気を付けたいです。

対人関係でトラブルが多い子

　中学年の学級の中には，自分の立場ばかり主張してしまう子，こだわりが強く周りを認めようとしない子，場の雰囲気が読めず浮いてしまう子，相手の気持ちを理解しようとしなかったり，理解できなかったりする子等，個性的な言動をするように見えてしまう子がいます。

　場合によっては，自己中心的，わがまま，自分勝手等と否定的な見方をされてしまう子どもたちもいます。

　実は，このような言動は，まだ発達途上にある中学年の子どもたちにとって，極めて重要なサインとしての表現なのだということが，往々にしてあります。

　序章の図でも触れたように，幼児期に目覚めた自我は，３・４歳頃に「決まり事」「約束事」として生活する上でのルールを把握し，安全・安心な環境にするために必要なことと理解しはじめます。

　「○○してはいけない」「○○はダメなんだよ」のように，ルールがある中で生活する経験をしていくと同時に，周囲に許容される範囲や相手との関係性（リレーション），心理的な距離を少しずつ学んでいきます。

　自我は，自分の存在を確認することや，自分に自信をもつことを通して，苦手な学習や生活場面にも進んでチャレンジしようとするやる気や意欲をもつきっかけになるほか，学習や行動の間違いを修正する力の発揮にもつながります。

　低学年では，幼児期後半（４・５歳児）の延長線として，自己主張が強すぎてトラブルになる子が多いのですが，やがて学校生活に慣れるとほとんどの子が相手との関係性を把握できるので，落ち着きが見られるようになります。中学年でも同様のことが見られるときもあります。

　反面，いつまでも自己主張傾向が強く，些細なことでも友達とトラブルを

繰り返す子がまだ見られます。ほとんどの場合，行動面での幼さが指摘され，「相手の気持ちをもっと考えなさい！」という指導を受けるようです。

　休憩時間の直後，いわゆる授業の導入前の時間に，このような場面によく出くわします。先生は戒めの気持ちを込めて多少厳しめに，そして本人が納得した（ように見えた）のを受けて授業が始まります。ところが，またしばらくすると同じような場面があって，同じように注意を受けてしまうのです。

　当事者同士を呼んで，クラスのみんなから少し離れたところで言い分を聞いているような場面を見かけることもあります。でもなかなか互いの意見の食い違いが埋まりません。次第に授業の遅れを気にし出した先生が，たまらず「双方痛み分け」の裁定を下します。納得させたように見えて，実は互いの気持ちにさらに火をつけていた……なんてことも珍しいことではありません。

リフレーミングで子どもの姿を肯定的にとらえよう！

　心理療法の一つに「リフレーミング」があります。

　リフレーミングとは，ある出来事や物事を，今の見方とは違った見方をすることで，それらの意味を変化させて，気分や感情を変えることです。

　例えば，授業中に失敗したときに「自分はダメだ」と見るか，「次のために良い経験をした」と見るかで，感じ方が変わります。心理療法のほかに，学校の授業やライフスキル教育などでも活用されています。

対応の具体例：リフレーミングで子どもの見方を変える

「行動の背景」を考えてリフレーミングしてみましょう。

| 些細なことでけんかをしてしまう |

登校前に父親から強く叱られた？

自分の思いを言葉でうまく伝えることが難しい？

| 授業中にたびたび立ち歩いてしまう |

注目してほしい？　授業内容がわからない？

| 授業中うわの空でいることが多い |

聞いて理解するより見て理解する方が得意 ⇒視覚支援の活用

　さらに個別の課題・個人的な課題に対応するには，下記を参考に「解決志向アプローチ」を使ってみましょう（p.92で詳述します）。

【解決志向アプローチの基本哲学】

1　もしうまくいっているのなら，それを直そうとするな

2　もし一度うまくいったのなら，またそれをせよ

3　もしうまくいかないのなら，なにか違うことをせよ

解決志向ブリーフセラピー

　具体的には「ソリューション・イメージ」「リソース探し」「とりあえず探し」の３つを使用することが多いと言えます。

①ソリューション・イメージ（解決像）

- ・過去思考→未来思考への変化
- ・問題ばかり見る→解決策を考える変化
- ・うまくいかない自分→うまくいく自分を見つける

②リソース探し

- ・ないものから→あるものへの視点の強化
- ・弱みから→強みを見つける
- ・今の悪循環を見る→かつての良循環を探す

③とりあえず探し

- ・やらないこと→やることを探す
- ・できないこと→できることを探す
- ・やりたくないこと→やってもよいことを探す

　３つの質問から得られる変化で，うまくいく対応の仕方を目指していきましょう。

やまかんメソッド⑥ カウンセリングスキルの活用

カウンセリングの三技法を駆使して合意形成

　学級活動の話し合い活動や道徳の授業，トラブル場面などでは，解決策の提案理由やそれぞれの主張を踏まえ，自分もよくみんなもよいものとなるよう合意形成を図り，決まったことをみんなで協力して実践できるように適切な指導をすることが大切だといわれています。

　中学年になると，自己主張できる時期でもあり，折り合いをつける話し合いにもっていくのはなかなか難しくなります。

　私のおすすめはカウンセリングの３つの技法（傾聴・応答・質問）を順序に従って使用し，合意形成することです。

　第一段階の「傾聴技法」では，提案者の気持ちを "わかろうとする" こと，第二段階の「応答技法」では，"わかったことを伝える" こと，第三段階の「質問技法」では，"さらにわかろうとする" というプロセスを経ることとです。

話し合いにおける「傾聴」の意図と効果

　傾聴技法は，相手の話に関心をもち，相手の話に意識を集中して，自分の主観や価値判断の表明は後回しにして，相手の身になって理解しようとすることです。

　効果としては，「自分の話をじっくりと聞いてもらえることで，心が落ち着き，安心する」「相手の人と心理的な距離が縮まった感じがする」「しっかり聞いてもらえることで，相手に大切にされていると感じる」「自分は自分でいいんだと思うことができる」などがあります。

話し合いにおける「応答」の意図と効果

応答技法は，相手の経験したこと，感じていること，望んでいることなどを，できるだけ的確にとらえること，そしてそれを相手に伝え返して確認することです。

効果としては，「話を聞いていること，理解していることを相手に伝えることができる」「話したことや自分の気持ちをわかってもらえることで，励まされた，受容されたと感じることができる」などがあります。

話し合いにおける「質問」の意図と効果

質問技法は，相手の言いたいことをはっきりさせたり，考えを導いたりするもので，質問すること自体が"援助"にもなりえます。

効果としては，「より気持ちをはっきりさせることで，主張したいことに気付く」「相手を理解しようとする積極的な関心を示すことになり，疑問や不安を解消するのに役立つ」「自分の考えや気持ちに気付き，整理できる場合もある」などがあります。

右図は，合意形成を意識した「対立解決モデルの概念図」です。

合意に至らない場合，右下の「あきらめる」，左上の「戦う（対決する）」，中には左下の「逃避する」ケースも出てくるかもしれません。

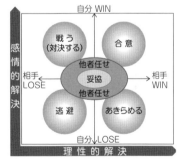

対立解決モデルの概念図（八巻案）

そのような話し合いになると，関係性ができていない場合「自分が言っても取り上げられない」「自分の居場所がない」などと感情的な不満になりやすく，中学年では自ら発言しなかったり，他者任せになってしまったりする場合もあるので，気を付けて指導にあたりたいものです。

相手の気持ちを「聴く」ミニゲーム：相手の考えを知り，折り合いをつけよう

ねらい　学級内で起こりがちな「掃除当番をさぼる人がいる」ことを題材に，「聴く」ことを通して級友のとらえ方に気付き，解消のスキルを身に付けることができるようにする。

身に付く力　他者への肯定的な理解

ミニゲームのやり方

(1)　掃除の時間にもめてしまった場面で，互いの言い分や不安・不満な気持ちを知り，相手の話を「聴く」ことを通して，互いの心情に気付きやすくするように，傾聴→応答→質問の技法を使って取り組む。

(2)　教師がインタビュー形式で「聴く」モデルを示す。

【傾聴】

・Aさんは，掃除のときにBさんとCさんがしゃべっているのは，掃除をさぼっているんじゃないかと思ったのですよね。

・BさんとCさんは，自分のやることが終わったから，おしゃべりをしていてもいいと思っていたということですね。

　※それぞれの言い分を聞く。

【応答】

・Aさんは班長として，掃除のときに自分のことが終わったら，終わっていないところを手伝うべきだと思ったのですよね。

・BさんとCさんは，自分の分が終わったのだから，みんなが終わるのを待っていていいと思っていたのですよね。

　※自分の気持ちや考えを受容してもらっていると気付く。

【質問】

・みなさんはAさんの立場で，BさんとCさんの気持ちを聞いて，どう思いましたか？

・BさんとCさんの立場になるとどのように思いますか？

　※当事者同士に相手の立場で聞くことも有効。

※折り合いをつけることが大切であることに気付く。
　・Aさんは，みんなの考えを聞いてどう思いますか？
　・BさんとCさんは，みんなの考えを聞いてどう思いますか？
　※当事者に折り合いをつけさせたり，解決に向けて促す。
(3)　不安や悩みを解消する手順を確認する。最初から自分の考えや意見を言うのではなく，「傾聴」「応答」「質問」の順で聞く（気持ちを確認する）ことで，それぞれの言い分を整理しやすくなることを確認する。
(4)　やり終えたら，全体で振り返りをし，今後自分はどのようにするか自己決定する。

　教室内で起こりがちなトラブル場面では，当事者双方が主張し合い，自分の考えを承認してほしいと思いがちです。一連の流れを経ることで「承認されない不満」への効果が有効になりやすいです。

> **Point**
> ○ありがちな生活場面のトラブルを通して，不安や不満を一旦受容して話し合いをすることで，共感的に理解してもらっていることに安心感を得やすい。
> ○場面の状況確認から互いの「言い分」と「言い訳」の違いや，生活ルールを確認して今後に生かすことを実感できるので，不満が残りにくい。

〔参考にできる図書〕
・八巻寛治『社会的スキルを育てるミニエクササイズ基礎基本30』明治図書

やまかんメソッド⑦ ユニバーサルデザイン

ユニバーサルデザイン7つの視点

「すべての子どもが尊重される学級経営」を目指すために，子どもを深く理解することで，適切な支援につながることは言うまでもありません。ユニバーサルデザインでは，次に挙げる「7つの視点」を主な実践課題とすることが大切だとされています。

1 教室環境への配慮
2 わかりやすい学習や生活のきまりづくり
3 友達とのよりよい関係づくり
4 授業構成の工夫
5 教師の話し方，発問や指示の仕方の工夫
6 板書，ノートやファイルなどの活用
7 教材・教具の効果的な選択

7つの視点に即して授業づくりや学級づくりをしていけば，個性豊かな中学年の子どもたちでも，心地よく一緒に生活したり学習したりすることができます。配慮のある指導で，一人一人の子どもに自分の「心の居場所」があり，お互いに認められる安心感を実感することができます。ご自身でやれることから実践していきましょう。

安心できる，居心地のよい学級づくり

「安心で，居心地のよい学級づくり」とは，集団で生活する子どもたちにとって，わかりやすく目的意識をもって生活していくことであると思います。
中学年では，次の2点を重点にすることをおすすめします。

> ・一人一人の子どもが目的意識をもてるよう，学級の目標やルールを
>   わかりやすく示す
> ・一人一人が活躍できる機会をつくる

　教師と子ども，子ども同士の人間関係を促進する手立てを積極的に考え，日頃のかかわりの中で子どもにできるだけ多くの肯定的メッセージや励ましの言葉をかけていくことが大切です。

　「安心できる，居心地のよい学級づくり」のために大切なポイントを紹介します。

学級の生活ルールの明確化

　支援を必要としている子どもにとって，「何をしたらよいかわからない」環境は，居心地が悪く不安であり，悩みを増幅させ，生活を困難にさせてしまうことが予想されます。すべての子どもたちにとって生活ルールは，安全で安心して過ごすためには必要なものです。

生活ルールは見える形で示す

　生活ルールを示す際は，口頭だと必要な情報が消えていき，聞いて理解するのが苦手な子どもにとっては守ることが難しくなります。

　そこで，毎日繰り返される係活動や清掃，当番活動，学習の準備などでは「何のために，何をどこまで，どのようにすればよいか」という目的と方法，始まりや終わりの時間など，集団生活でのルールを文字や絵で明確にしておくことが大切です。

　例えば清掃では，清掃場所，分担，範囲，道具，手順，終了及び後片付けの確認方法などを，絵や文字，写真などで提示しておくなどです。

　ルールは学級の子どもたちが心地よく過ごすために必要なものです。しかし，守ることだけを強く意識すると，できない子どもは集団から外れた子としてとらえられがちです。例えば，チャイムがなってもまだ廊下にいる子に対して，教室に入れるよう学級の子どもたちがカウントダウンをして席につくことを促し，「みんなが待っているよ」というメッセージを送るなどの工夫も大切です。そしてルールを守ろうとしている姿を認めることで，集団の一員であることとルールの大切さを意識できるようにしていきます。こうした支援は低学年のうちから行い，定着を図りましょう。

どの子にもわかりやすい教室環境づくり

　子どもたちが毎日生活し，学習する場所としての教室では，給食や清掃，係活動など視覚的に提示しておく必要のあるものがたくさんあります。

　しかし，学習の際には，黒板のある教室前面にいろいろなものが貼ってあったり物が置いてあったりすると，視覚的な刺激が入りやすい子どもにとっては，どこに注目したらよいかわかりにくく，集中して学習することが難しくなりがちです。そこで，誰もが安心でき，落ち着いて暮らせるためにわかりやすく，整然とした教室となるような工夫をしましょう。ここでは筆者の学校で見つけた教室環境の工夫をチェックリストにしてみました。

Check! 教室内壁面等

☐ 教室前面の黒板の上の壁面には，必要なものだけを掲示している

☐ 黒板の両サイドの壁面には，時間割など年間を通して必要なものだけを掲示している

☐ 教室前面には，提出物のかごなど，必要なものだけを整然と配置している

☐ 教室後方の壁面は活用の仕方が決めてあり，作品を整然と掲示している

✓ Check! 日程や予定

☐ 一日のスケジュールは確認しやすいよう，教室の前面の黒板や定位置に配置した補助黒板に，必要に応じて写真や絵で教科や場所を示している

☐ 時間割は文字と絵，教科別の色分けなどの工夫をし，わかりやすい配慮をしている

☐ 校外学習や学習発表会などのスケジュールや学習内容を掲示する場所が決めてある

✓ Check! 当番活動

☐ 給食，掃除などの当番は，手順や内容，担当者がわかるよう顔写真などで示している

☐ 掃除用具入れには，用具の数や置き場所を文字や絵，数字などで示し，片付け方がわかるように配慮している

☐ 掃除の手順支援として，床や壁面に「何をどこまでするか」をマークや文字で表示している（掃除箇所の範囲，始まりと終わりなど）

☐ ゴミ箱は，分別の種類を絵や文字で表示している

✓ Check! 個人の荷物等

☐ 個人ロッカーは，整理の仕方を絵で示して確認できるようにしている

☐ 机の中に片付ける物の配置などを絵や写真で示している

☐ 支援が必要な子には，机の位置を示すマークを床にテープなどで示している

✓ Check! 個別支援・配慮

☐ 必要に応じてクールダウンエリアを設置するなど，落ち着ける場がある

☐ 座席の配置は，支援が必要な子の状態を配慮して安心できる位置にしている

やまかんメソッド⑧ 保護者対応

共に育てる "共育て" の感覚で！

　私たち教師は，教育のプロであるという視点で考えると，評価を受ける必要があります。評価者は子どもたちであり，保護者でもあります。

　特に保護者は，私たちに対して，一定の教育活動や，子どもたちにどんな力がつけられたかを評価することになります。

　よって，様々な方法で保護者に対する説明をして同意を得ること（インフォームドコンセント）と説明責任（アカウンタビリティ）を求められることになります。

　その意味で保護者は私たち教師の日常の教育活動のよりよい改善点を，具体的に教えてくれる存在です。教師と保護者は共通認識をもって子どもたちの成長を援助することが求められます。

　共に子どもの課題解決や問題解決を通して互いに成長する立場にもあるということも認識し，共に育てる "共育て" の感覚で連携していきたいものです。

クレームは期待の裏返し？

　保護者から連絡がある場合，事務的な連絡以外の多くは，我が子や知り合いの保護者などから聞いたことに対しての様々な要望や要求，疑問や苦情などであり，電話や直接会いに来るなどのケースもあります。

　それぞれのケースの立場や状況を確認してみると，保護者が学校や教師に対し困ったことを訴えたり相談したりする背景には次のことが考えられます。

　・困っていることを確認・相談することで，現在ある自分の不安な状況を解決・解消したい。

　・悩みや問題に対応・対処し，しっかり解決することで，子どもが安心して学校に通える保証を得たい。

一見クレームに感じるような内容ですが，子どもの行動様式の変化や社会環境の変化，保護者の価値観の多様化などもあるので，我々教員に向けた期待の裏返しと思い，しっかり応え，きちんと対応，説明していきたいものです。

中学年の保護者の思いや願い

　中学年に限らず，ほとんどの保護者の思いや願いは，安全で安心な環境で生活できることを前提に，「勉強がわかること」「友達とよい関係でいること」「先生とよい関係でいること」の３点がポイントになると思います。
　中学年の保護者の，主な思いや願いを聞いてみましょう。

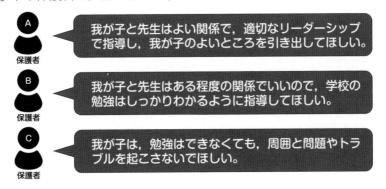

　担任としてはAさんのような前向きな願いをもってほしいですが，Bさん・Cさんのように思う方も出はじめます。そのためにも，しっかり関係性をつくり，説明責任を果たしたいものです。

説明責任を果たすために

　カウンセリングでは，「人は問題を解決する過程で成長する」と考えられています。保護者対応もそれをベースに考えてみましょう。
　教師と保護者が子どもの成長のために共通理解をし，それぞれ何ができるか，しっかり現状を把握した上で，対応・対処したいものです。

保護者対応の基本モデル

　右図は保護者対応の基本モデルです。ベースには「①保護者と教師のリレーション」があります。「②課題は何かを把握」します。その際，保護者と教師それぞれで考える課題を確認した上で「③解決に向けての作戦会議」を開くという一連のモデルです。

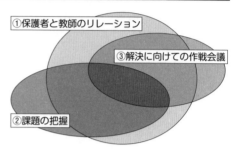

保護者対応の基本モデル

　電話対応でも，面談や家庭訪問でも，保護者に対応する際には，保護者と教師のリレーション（関係性）がどの程度とれているかによって，その後の対応の仕方が変わってきます。

　前述の保護者の思いや願いを例に，対応の違いを紹介します。

▨ 保護者Aさんへの対応

①保護者と教師のリレーションづくり

　ある程度信頼を向けてもらっている関係であれば，担任としての考えや気持ちを自己開示するとよいです。担任がどのような人間かがわかった方が保護者は心理的な距離を近く感じ，相談しやすくなります。

②課題は何かを把握

　こちらが把握した事実を伝え，それについて意見や考えを述べてもらいます。信頼をベースにしているので，共感的に理解しやすい関係になっています。

③解決に向けての作戦会議

　担任としては何ができるか，保護者として何ができるかを，具体的な手立てとして相互に提案します。いつまで，どのように解決するのがゴールかも確認しましょう。

▨ 保護者Bさんへの対応
①保護者と教師のリレーションづくり

　あまりリレーション（関係性）がとれていない場合，「担任の教育理念」や「保護者や家庭の協力がほしいこと」を伝えます。その上で，今回の対応で子ども同士の関係をどのようにしたいかという願いも伝えましょう。
②課題は何かを把握

　子ども同士のトラブルに関心がない場合が考えられるので，どのようなことで困っているのかをエピソードを交えて伝えましょう。
③解決に向けての作戦会議

　解決に向けての，保護者と教師のゴールイメージをしっかり共有し，うまくいったことを個人情報に配慮して学級だより等で知らせます。

▨ 保護者Cさんへの対応
①保護者と教師のリレーションづくり

　傾聴技法を使い，保護者の思いや願いの本意を聞き出すことから始めましょう。ある程度の関係ができればAさんの対応の流れで対応できるようになります。
②課題は何かを把握

　保護者からの聞き取りの仕方や連絡の仕方に配慮して対応しましょう。我が子への否定的なとらえ方がある場合，リフレーミング（事実に対する意味づけを肯定的に変える）などが効果的です。
③解決に向けての作戦会議

　若手の教師の場合，自分一人で抱え込まず，チームで対応するように動くことも大切です。

3 章

やまかんメソッドを生かした

365 日の
学級経営

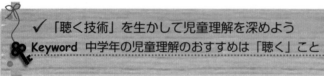

児童理解

4月 児童理解の基礎・基本 "観察法" を学ぼう

✓ 「聴く技術」を生かして児童理解を深めよう

🔑 Keyword 中学年の児童理解のおすすめは「聴く」こと

4月の児童理解のおすすめは「聴く」

　観察法では，次のような「行動観察の手法」が多く用いられます。

◤日誌法

　観察法の最もポピュラーな形態で，親が子どもの行動を日誌に記録したものに由来するそうです。指導記録がその例です。

◤時間見本法

　行動を任意の時間間隔で区切り，それぞれの言動を記録する方法です。時系列でその頻度や時間等を量的に計ります。

◤事象見本法

　焦点となる行動を決め，その要因や過程を分析する方法です。ある行動（例：けんか，トラブル）が生じたら，原因，登場人物，行動事象の展開過程，終結などを時間とともに記録します。

　中学年での児童理解では「聴く」ことを中心にすることをおすすめします。聴くことは相手を一人の人間として受け入れること，尊重することです。

　聴くことにより，「受け入れてほしい」という欲求が十分に満たされると，私たちが本来もっている能力が活性化されます。さらに，欲求が満たされるとき，子どもは満足し，人間同士のつながりを感じ，自分は一人ではないという思いを強くします。これは成長の大きな力になります。

子どもの心の声を引き出すために「聴く技術」を援用します。次のポイントを参考に，「聴く」技術を児童理解に役立ててください。

みんなで身に付けたい「聴く」技術

①話を最後まで聴く。

②話は否定的ではなく肯定的に聴く。

③話にタイミングよく反応する。

④相手の心の内側にあふれる感情を，あたかも自分のことのように聴く。

⑤自分のこと（男子・女子，先生・子ども）は横において聴く。

⑥沈黙（黙ってしまうこと）があっても，その時間を一緒に過ごす。

あらゆる場面で聴く

「あらゆる場面で聴くこと」。言葉としては簡単ですが，全員の声を毎日「聴く」ことはほぼ不可能です。次のような場面で活用しましょう。

朝のあいさつ・すれ違い時のあいさつ・休み時間等

出会ったときやすれ違ったときにするあいさつは，言葉にならない雰囲気を知るのに最適です。この時期は，声のトーンや抑揚，表情やしぐさ，くせなどの特徴をつかみましょう。

筆者のおすすめのフレーズは「調子はどうですか？」と「３つのうちいくつ？」です。「調子はどうですか？」は，「元気ですか？」と聞くとハイかイイエで返答されることが多いので，多少ニュアンスが違う言葉を付け足しやすいからです。「３つのうちいくつ？」は，子どもたちと，「調子が良い」が３・「いつも通り」が２・「調子が良くない」が１と約束しておき，聞くというものです。指で返事をすることも可能なので，抵抗感をもちにくいです。

ルールづくり

4月 ルールとリレーションの バランスを考えよう①

✓ 中学年4月のルールづくりのポイントをおさえよう

🔑 Keyword ルール・リレーション

ルールとリレーションのバランス

2章「やまかんメソッド②ルールづくり」のように，ルールには学級のきまりや約束を守り，役割や責任を果たす役割があり，「やまかんメソッド③リレーションづくり」のように，リレーションには心地よい人間関係がつくり出すあたたかい雰囲気が求められ，この2つのバランスがとれているときに，学級が安定しているといわれています。

4月は，互いに気持ちよく過ごすための基本になるルールを意識した指導・支援をしていきたいものです。

中学年4月のルールづくりのポイント

中学年の4月に求められる学級づくりでは，子ども同士のかかわりについて確認し，指導・支援をすることがポイントになります。

教師が4月におさえたいルールづくりのポイントは次の通りです。

 Check! **当番的な活動・係活動・班活動（役割・実行，規範意識）**

☐ 平等に役割分担をし，わかりやすいシステムを作って活動しやすくしようとしているか

☐ 当番的な活動や係の必要性や公益性，有用性を自覚させ，責任を果たしたことを認め称賛しようとしているか

Check! 学級活動・学級生活の中で（目標・自覚，安心・信頼）

☐ 学級目標（達成目標）やきまりや約束（行動目標）を，話し合いをもとにして決め，自覚させようとしているか

☐ 学級生活を安心・安全にするためのきまりや約束，みんなの合言葉などを，話し合いをもとにして理解させようとしているか

　子どもたちに対しての確認（問いかけ・質問）事項の例は次の通りです。

Check! 事実やその受け止めについて（自分自身や学級の友達について）

☐ クラスで決まっている当番活動（給食・そうじ・日直など）や係の仕事を，忘れずにきちんとしていますか

☐ クラスの友達に，きまりを守るように注意することがありますか

Check! 「学級生活」に対する意識（自分自身や学級の友達について）

☐ クラスで決めたきまりや約束を守ることは，大切なことだと思いますか

☐ クラスで決めたきまりや約束を守る人が多いクラスだと思いますか

指導のポイント：みんなでルールを創り上げる

　この時期は，自尊心が高まる時期でもあるので，学校で決められているルールや教師の考えたルールを一方的に提示するのではなく，「こんなクラスにしたい」という子どもたちみんなの考えや思いを集めながら目標やルールを創っていくと，われわれ意識が育ちやすくなります。

　全員の考えを取り入れる，グループで意見を集約する，アンケートをとり，まとめて提示するなど，いろいろなパターンが考えられますが，目標やルールを一緒に創り上げるという意識をもたせたいものです。

4月 ルールとリレーションの バランスを考えよう②

- ✓ 自然なリレーションのススメ
- **Keyword** 自他理解，相互理解

リレーションでゆるやかに関係づくり

　私は，出会いや節目の時期を迎える４月は，リレーションづくり促進の時期であると思っています。つまり４月のスタート時期をどのように取り組む（乗りきる）かで，その後の人間関係がどのようになるかが決まる可能性が高いと思うからです。

　特に出会いの時期は「はじめが肝心」「はじめよければすべてよし」「黄金の３日間」「リレーションづくりの１週間」「一期一会」……などの言葉に代表されるように，人と人との"出会い"はいつの時代でも重要視されていることがわかります。

　出会いは偶然訪れることが多いので，出会いの場面で，互いの関係を円滑に，適度に保つようにすることは，決して容易なことではないと思います。しかし，第一印象がよく，互いにうまく出会うことができれば，その後の関係がすんなりいくということにもなると思います。

中学年の４月こそエンカウンターで関係づくり

　特に，他の人とのかかわりが苦手，家庭や地域社会で人間関係を学ぶ場が少ない，仲間とのふれあいが少ないためにピアプレッシャー（仲間からの同調圧力）を感じやすい……などといわれる最近の子どもたちにとっては，初

めての出会い，学年替わりの新たな出会いをどのように迎えるか，どのように乗り越えるかは大問題になることは周知の通りです。

「新たな出発」「再チャレンジ」への夢や希望，期待感とは別に，不安や心配の入り混じった感情を，私たち現場の教師が，仲間が，周囲の者が親身になって受け止め，わかってあげることからスタートする必要があるように思います。

私は，このリレーションが必要な時期にこそエンカウンターを取り入れて，教師と子どもたちとの関係や子どもたち同士の関係が円滑にいけば，その後多少のトラブルが起きてもプラス思考でものごとをとらえて解決したり，自分たちの問題を自分たちの力で解決したりするという「われわれ意識」を育んだ学級に成長することができると思っています。

リレーションづくりで自己開示できる土台づくりを！

最近の子どもたちは，新しく出会った友達とのかかわり方がわからない場合が多いといわれています。そこでこの時期には，エクササイズを通して「本音が言える」「自分を受け止めてもらっている」というリレーション（心の絆）を深め，相互の信頼感を育み，安心して自己開示ができる土台づくりをすることが大切になると思います。

学級全体では，楽しくてリレーションが深まるようなエクササイズを行い，「このクラスには楽しい友達がいる」「自分と似たところがある友達がいる」と実感したり，仲良くなるためのきっかけづくりとしてエクササイズに取り組むことを期待したいものだと思います。

ユニバーサルデザインと学級づくり

4月

> ✓ 安心できる・居場所のある学級
> **Keyword** 心の居場所，ガイダンスとカウンセリング

ガイダンスとカウンセリング

　個性豊かな子どもたちが心地よく一緒に生活したり学習したりするためには，一人一人の子どもに自分の「心の居場所」があり，お互いに認められている安心感があることが大切です。

　教師はそのために，一人一人の子どもが目的意識をもてるよう，学級の目標やルールをわかりやすく示したり，一人一人が活躍できる機会をつくったりするとともに，教師と子ども，子ども同士の人間関係を促進する手立てを積極的に考え，日頃のかかわりの中で子どもにできるだけ多くの肯定的メッセージや励ましの言葉をかけていくことが大切です。

　まさに学級経営にガイダンスとカウンセリングが求められる所以です。

学級づくりのポイントは？

　中学年の４月に目指したいユニバーサルデザインを意識した学級づくりのポイントは，安心できる・居場所のある学級です。

　そのためには次の４点を常に意識して学級づくりに取り組みましょう。

> ・所属感がある
> ・全員が活躍できる場がある
> ・一人一人の違いを認め合える
> ・わからない，困っていると言える雰囲気がある

指導例の一部を紹介します。

所属感がある

　学級内で所属感を意識できるのは，学級目標を設定したり，検討したりしながら，自分の思いを確認するときです。たとえ教師と共にであっても，一人一人の思いをくみ取って目標設定したり，みんなで振り返ったりさせましょう。生活ルールについても，子どもたちの願いが含まれた生活ルールを設定しましょう。

全員が活躍できる場がある

　生活グループでは，一人一役できるように工夫しましょう。例えば，メンバーが4人の場合です。

・リーダー…グループ学習の中心になり，話し合いを進行したり，連絡調整したりします。
・サブリーダー…プリントの配付やグループごとの準備物などのお世話をします。
・班長…掃除当番のリーダー役です。役割分担の調整や，はじめの会・終わりの会の進行，保管場所の点検をします。
・副班長…給食当番のリーダー役です。役割分担の調整や，はじめの会・終わりの会の進行，片付け点検などをします。

5月 けんか両成敗は不満の貯金？

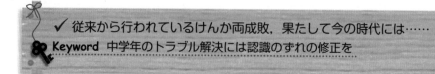

✓ 従来から行われているけんか両成敗，果たして今の時代には……

Keyword　中学年のトラブル解決には認識のずれの修正を

5月のトラブル解決：けんか両成敗

「けんか両成敗」は昔から伝えられた言葉で，従来から生活指導の一つ（課題解決）として次のような対応が多く行われていました。

①けんかをした両者から，事情を聞く。

②よくわからない点があったときは，それぞれに質問する。

③「どちらが先に手を出したか」をポイントにして，指導の判断材料にし，社会的ルールや道徳的価値観などをもとに，教師が判断して指導する。

④「けんか両成敗」で，2人をお互いに謝らせ，今後の再発防止の対応策を言わせる。

けんかをした当人たちは，自分が正しいと思っています。相手の非を責め，自分の正当性だけを主張しようとします。解決が長引かないように，このような対応がされていたようです。

しかし……以前から私は，この指導スタイルに疑問を感じていました。なぜかというと，「最初に手を出した方が良くない」と言いきってしまうと，双方に言いたいことがあっても，言いづらくなってしまう子がいたり，聞いてもらえずに不満が出てしまったりして，陰湿ないじめにつながるケースが考えられるからです。

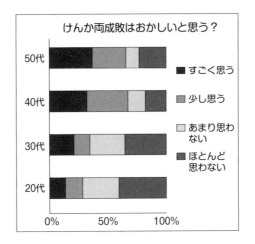

けんか両成敗はおかしいと思う？

- すごく思う
- 少し思う
- あまり思わない
- ほとんど思わない

（50代 / 40代 / 30代 / 20代、0% 50% 100%）

　図は，私が全国のセミナーや研修会の際に参加した教員に対して「けんかといじめ」についてのアンケートや聞き取り調査をしたものの一部です。

①経験年数が増える40〜50代の教師のうち，７割が「けんか両成敗はおかしい」と感じている。

②20〜30代の教員にとっては，約３割がおかしいと感じているが，７割は課題解決の方法として認知している。

③若手教員は，トラブル解決のマニュアル的なものとして，けんか両成敗を認識しているようだが，年数が増えるに従い疑問を感じる教員が増える傾向にある。

　教師がけんかの原因を特定すれば，早期解決や仲裁も可能になると思われがちで，そのように対応していた教員が多かったのです。

　しかし，けんか両成敗の名のもとに，両者に謝罪させたりするやり方で指導をしていた結果，子どもの間に不信感や不満を募らせてしまうこともあったと，経験上感じる教師がいることの表れではないかと考えられます。

　中学年では，自分と相手の認識のずれが原因でけんかが起こるケースが多いので，子どもの心理に寄り添った対応を心がけましょう。

5月 解決志向アプローチを使って解決しよう

カウンセリング

✓ 解決志向アプローチを活用しよう
🔑 Keyword 3つのグランドルール

解決志向アプローチ3つのグランドルール

　解決志向アプローチ（Solution Focused Approach）とは，アメリカのBFTC（Brief Family Therapy Center）で研究され，開発されたカウンセリング（心理療法）の理論です。

　「問題」は「解決」（solution）とは関係ないというのが，解決志向アプローチの考え方の根本にあります。

　解決志向アプローチでは，クライエントのもつ問題ではなく，元々もっているリソース（資源・資質）に注目します。

　そして，それを生かし，クライエントが求めている，よりよい状態や快適な状態，望ましい自分自身を明確にしていきます。

　それを通して，クライエントは自然とよりよい状態や快適な状態，望ましい自分自身に近づいていくのです。

【解決志向アプローチの考え方や姿勢のルール】
1　うまくいっているなら，変えようとするな
2　一度でもうまくいったなら，またそれをせよ
3　うまくいかないなら，何か違うことをせよ

　この考え方は，実存主義哲学にルーツがあり，3つのグランドルールと呼ばれています。人は問題に悩まされているときには，この3つのルールのいずれかに反した行動をとっていることが多いといわれています。

　例えば，いくら叱っても子どもの問題行動が減らないにもかかわらず，余計に叱って子どもを変えようとするようなケースです。

　この場合は，さらに叱ってもよい変化は生じないと考えられますが，なかなか別の行動をとることは難しいものです。こういった場合は，知らず知らずのうちにルール③に反した行動をとってしまっているのです。

　解決志向アプローチは，家庭の養育環境や子どもの発達課題といった原因や問題点に焦点を当てるのではなく，子どもが課題を解決した後の姿（解決像）を設定し，今の状況で実行可能な行動（行動目標）を考え，実践していくことで課題の解決を目指すものです。

　そのために教師は，前出の三原則に基づき，子どもがリソース（人的・物的な「よいところ」や「持ち味」）を効果的に使えるように援助していくことが大切であるとされています。

　主な流れは次の通りです。

①安心して相談できる雰囲気をつくる。
②解決像と行動目標を設定する。
③解決の方向付けをする。
④対処方法の検討をし，決定する。
⑤成果を見守る。

ユニバーサルデザイン

5月 5月に意識したい合理的配慮

✔ 意識的にほめることで抵抗を減らす

🔑 Keyword 学級づくりの合理的配慮

授業中における配慮

　子どもに限らず，誰でもほめられることはうれしいものです。

　授業に入る前に，支援の必要な子どもが答えられそうな質問を考えておき，一時間に一度は発言できるようにしたいものです。

　また，しっかりできているときに，タイミングよくほめることも大切です。できて当たり前だと思われるようなことでも，その子どもにとっては努力が必要なこともあります。ほんの少しのがんばりをすかさずほめる，その積み重ねが子どもの自己肯定感を育てることにつながります。

Point▶ 授業の際のほめ方のポイント

①最初はみんなの前でほめる。

②その子どもに近づき，小さな声でほめる。

③がんばりを認められているとわかるように，子どもに目で合図してほめる。

④授業終了後にさりげなくほめる。

⑤下校の際に今日のがんばりをほめる。

当番活動や係活動などにおける配慮

　社会性やコミュニケーションに課題のある子は，掃除当番や給食当番，日直の仕事などの決められたルールの中で行う活動において，自分のすべきことがわからずに結果として役割を果たせず，周りから注意や非難を浴びていることがあります。

　そういう子どもには，どの子にも役割がわかりやすくなるような当番表や手順表の工夫をするとともに，個別に教えるなどの支援も必要です。

　学級の中で自分の役割をもつこと，そしてそれをやり遂げることにより，子どもは満足感や自信を得られます。その子どもができるような役割を意図的に用意し，ほめる機会をつくっていくなどの配慮も行いたいものです。

　また，友達と一緒に遊びたいと思っているのに，ルールや声のかけ方がわからなかったり，遊びの中でのコミュニケーションがうまくとれずに困っていたりする場合があります。

　一見，教室内で読書や絵を描くなどして一人でいることが好きなように見える子どもであっても，友達と一緒に楽しく遊びたいという願いをもっている子が多くいます。遊び方がわからなかったり，誘い方や混ぜてもらう頼み方がわからなかったり，また，一緒に遊ぶことができる種類が少ないことなどから，一人で遊ばざるをえないのではないでしょうか。

　子どもたちは，遊びを通して，ルールの守り方や助け合って活動する心地よさ，思いやりのある言動など多くのことを学びます。

Point 遊びの場を想定したトラブル回避のポイント

①遊びのやり方やルールを個別に確認する。

②遊びのルールをもとに数人で遊ぶ機会をもつ。

③遊びの場面で起こるトラブル場面を想定して，ロールプレイをする。

保護者対応

5月 短時間でも効果的な伝え方や 関係づくりを

✓ エピソードで伝える工夫とエンカウンターの実施を

🔑 Keyword 保護者同士の交流

保護者とのリレーションでゆるやかに関係づくり

　子どもたちのよりよい成長には，保護者の協力が欠かせません。年度当初の保護者会は，PTAの学級委員選出などもあり，いつもより短い時間で行わなければならないこともあります。保護者会の内容などは学年の教師と打ち合わせをした上で，次の3つはしっかりと準備をしましょう。

　・クラスの様子について
　・中学年の学習・行事について（説明省略）
　・保護者同士の交流について

クラスの様子について

　進級してやる気いっぱいの子どもたちです。中学年になり，何事もがんばろうとの意識も高まっている子どもたちです。ぜひエピソードをメモし，具体的な様子を伝えられるようにしましょう。可能であれば，ノートや写真，動画などを用意して，そのときの様子を視覚的に伝えるとよいでしょう。

　参観後の懇談会では，授業の意図や内容とも関連させて伝えます。そこから，「こんなクラスにしたい」という学級経営方針の話題につなげていきましょう。

保護者同士の交流について

　保護者同士の交流については，次の手順で短時間の出会いのエンカウンターを実施することをおすすめします。あっという間に距離感が縮まります。

　①初めての方とペアになり，自己紹介や質問じゃんけんをする。

　②４人組になり，ペアの人を他己紹介する。

　③あいこじゃんけんや無言で並ぶゲームなどをする。

　④シェアリング（振り返り）をする。

その他

◨ 話し方について

　一文を短くして，すっきりとした話し方にしましょう。自己紹介では趣味や特技などを交えながら，和やかな雰囲気をつくりましょう。学級経営方針では，クラスの学習規律の徹底など，毅然とした態度で対応しているところもわかるとよいでしょう。またその一方で，子育てについては保護者の方がベテランです。謙虚な態度でお話を伺う姿勢もとても大切です。

◨ 欠席した保護者への対応について

　保護者用の名札や学級名簿を活用して，欠席者を把握します。次の日には，子どもを通して資料などを欠席した家庭に渡しましょう。

◨ 困ったときは……

　わからないことがあった場合は，「確認します。あとでご連絡をさせてください」などとして，時間がかかっても正確な情報をきちんと伝えるようにしましょう。連絡は，電話や学級だよりなどでも可能です。焦らず着実に行いましょう。

いじめアンケートの活用法

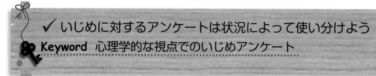

✓ いじめに対するアンケートは状況によって使い分けよう
Keyword　心理学的な視点でのいじめアンケート

いじめの状態に応じてアンケートの仕方を変える

子どもの心に着目した生徒指導・生活指導

　生徒指導や生活指導で頭を悩ます先生方は少なくないでしょう。多くの先生が，子どものことが理解できないとか，対応に困ると思ったことがあるでしょう。生徒指導や生活指導にマニュアルはありません。しかし，違った視点（心理学的な視点）で子どもを見てみると，指導方針が見えてくるかもしれません。いじめアンケートを活用して心理学的に子どもの問題行動とその心理把握の仕方を考えてみたいと思います。

アンケートの活用法

　いじめが原因で不登校の子がいる場合は，最悪の場合自死を引き起こしてしまうことも視野に入れて，回りくどい言い方はせずに質問項目を決めましょう。

①いじめを受けたことがありますか。
②いじめをしたことがありますか。
③いじめを見たことがありますか。
④いじめの話を聞いたことがありますか。

⑤いじめられている友達から相談されたことがありますか。

　いじめに対する意識を聞く場合はストレートの言い方では NG です。言いやすい雰囲気にしてからアンケートを実施します。

①いじめをはやし立てたことがありますか。
②いじめをだまって見ていたことがありますか。
③言葉のいじめは，ぼう力やおどしに比べて軽いと思いますか。
④ちょっと変わった子だからと，むしをしたことがありますか。
⑤いじめは大人になるためには必要だと思いますか。

　"いじめ"を学ぶ場や普段の自分の言動に対する振り返りとして聞く場合は，心理状態を示したりエピソードにしたりする等がおすすめです。

①いじめを見たときの気持ち（許せない・助けたい・かわいそう・かかわらない・その他）
②いじめる理由（なんとなく・きらい・生意気・イライラして・相手がだらしない・その他）
③いじめられた相手（同じ学級・他の学級・他の学年・その他）
④いじめをして（悪いことをした・あとで嫌な気持ち・自分が嫌・かわいそうなことをした・その他）
⑤いじめに対する考え（ぜったいいけない・理由によってはよい・あってもよい・その他）

　課題としてよく聞かれることに「記名するかしないか」と悩むということがありますが，事実確認をする場合は"記名"し，意識調査や学級の傾向を把握するのには"無記名"で実施するのがよいと思います。

ルールづくり

6月 みんなの生活ルールを 見直す際の観点

✓ 生活ルールを見直すポイント

Keyword ルールづくりの配慮

ルールとリレーションのバランス

　中学年にとっての安全で安心な生活づくりのポイントは，下図のように，ルールとリレーションのバランスがとれていることです。

　子ども同士が安心してかかわることができる，集団に必要な最低限度のルールやマナーとしての《ルールの形成》と，本音や感情交流がある関係《リレーションの形成》の2つです。

　ルールの形成というと，学級の約束やきまりといわれる「見えるルール」（守らなければならないもの）と思われがちですが，子どもたちに身に付いた行動の仕方や動き方を意味した「見えないルール」（例えば，このようにすると気持ちよく過ごせるというもの）があることも，ぜひ認識させたいと思います。

ルール（規律）とリレーション（関係性）

〈ルールの形成〉	〈リレーションの形成〉
子ども同士が安心してかかわることができる，集団に必要な最低限度のルールやマナー	本音や感情交流がある関係

中学年の６月のルールづくりのポイントは？

　中学年の６月の時期では，二者関係を中心とした小グループにおいて，ある程度のリレーションは形成されていることが多いと思われます。

　また，守らなければならないきまりや約束事としてのルールは守られるようになってきています。

　しかし，どちらかというと学校の決め事や教師側から示したルールであり，子どもたちに身に付いた行動の仕方や動き方を意味した見えないルールとは言いかねます。

　学級は“集団”なので，集団生活を過ごす上で，われわれ意識をもてるルールが形成されることが大切になります。

２つの「やくそく」

　子どもが“安全・安心を実感できる”ことができれば，次に必要なのは「ありがとう」や「ドンマイ」などの言葉が行き交い，笑顔があちらこちらに見られる雰囲気を醸成することです。その際のおすすめは，２つの「やくそく」です。

　①教室では間違いや失敗が許されること。

　②困ったときに助け合えること。

　①の間違いや失敗は，普段の生活の中で「わからない」「できない」という反応に対して，嘲笑したり，軽蔑したりしないことです。

　②の助け合いは，実際に手助けしなくても「だいじょうぶ？」「困っていない？」などと声をかけ合うことです。

　蒔田晋治さんの『教室はまちがうところだ』（長谷川知子絵，子どもの未来社）の本や絵本を読み聞かせしてみると，具体的な観点が示されているので，中学年の子どもたちでも安心感が増します。

6月 リレーション促進技法

- ✓ ノンバーバルコミュニケーションでリレーションを深める
- 🔑 Keyword 身ぶり手ぶり

ノンバーバルコミュニケーション3つの働き

　ノンバーバルコミュニケーションとは「非言語」コミュニケーションのことです。つまり，言葉を介さないコミュニケーションの方法のことです。

　非言語コミュニケーションは，大きく分けると「信頼関係をつくる働き」「言葉を補完する働き」「相手の状況を理解する働き」の3つの働きがあるといわれています。

信頼関係をつくる働き

　子どもとの会話の際に，笑顔やうなずきがあると，話しやすい雰囲気になります。たとえ何も話さなくても，やさしく微笑むだけで心が通じ，安心感が生まれたりもします。

　また，子ども同士でも，服装やしぐさ，くせなどが自分と似ていたり，合っていたりすると感じると親近感がわきます。

　非言語コミュニケーションは，「安心感」や「話しやすい雰囲気」をつくり，相手と信頼関係を築きやすくする働きがあります。

言葉を補完する働き

　子ども同士のやりとりで，文字だけの場合や説明だけだとうまく伝わらなかったり，微妙にニュアンスが違ってとらえられたりしてしまうことがあります。中学年で起こるトラブルのいくつかは，このように意識のずれや言葉の不足から起こることも多いです。

　笑顔や明るい声のトーン，ジェスチャーなどが加わるとさらに，伝わり方が明確になる場合が多いです。

　非言語コミュニケーションは，話し手として周りの人に自分の考えや意見などを伝えるときに，言葉を補完する働きがあります。

相手の状況を理解する働き

　例えば，朝の健康観察で子どもが「元気です」と答えたとします。教師側から見て，顔色がよくなかったり，元気がないように見えたりすると，「本当に大丈夫なのかな」と思ってしまうこともあります。

　中学年だと，顔色や表情を意識的に変えることはできません。言葉では表れない状況は非言語情報として表れます。相手のことをよく観察することで，相手が言葉にしていないこともわかります。

　非言語コミュニケーションは，相手の状況を理解するのに役立ちます。なぜなら，表情や声のトーンは，受け取る側の意識や本人の無意識によって変化していることが多いからです。

この時期のおすすめのエクササイズ「ジェスチャーゲーム３ステップ」
　①何かを当てるジェスチャー
　②誰が，何をしているかを当てるジェスチャー
　③誰が，何をして，どう思っているかを当てるジェスチャー

トラブル解決（集団）

6月 課題のある子どもの心理と状況を考えよう

✓ 課題のある子への対応策
🔑 Keyword 本人の特性を理解した対応

おしゃべりをしてしまう子どもの心理と状況

中学年も６月頃になると学級への慣れが出て人間関係の緊張感も解けてくるので，様々な課題が見えはじめます。割と厄介な課題の一つとして「授業中におしゃべりをしてしまう子」がよく話題になります。

授業中におしゃべりをしてしまう子の心理や状況には，いくつかの要因が考えられますが，特徴的なケースを３つに分けてみます。

①指導スタイルの課題

単純に授業がつまらないと思ったり，内容が理解できなかったりして，不満や不安を感じているような場合。

②本人のもつくせや特性などの課題

くせや特性（発達障害等も含める）で，「自己刺激的な行動」の一つとしておしゃべりをしてしまう場合。

③授業中のしつけやルールが身に付いていないなどの課題

授業中のしつけやルールが身に付いていないため，時と場合を選ばず，ついしゃべってしまう。または，しゃべることへの抵抗を感じない場合。

おしゃべりをやめない子への対応策

①のケースの場合

　本人のやる気や集中力，教科に対する好き嫌いも関係してくるので，わかる授業，わかりやすい授業スタイルにするように，けじめのあるテンポのよい授業をするとか，書く活動を取り入れる，ペアや小グループでの活動を取り入れるなどの授業改善が必要です。

②のケースの場合

　自己刺激的な行動とは，自分の身体の感覚に何らかの刺激を加えて，それを楽しんでいる状態のことをいい，おしゃべりだけではなく，手遊びなども含まれるので，半ば"無意識的に行われる行動"といわれています。

　ただ聞かされていてつまらない，何をすべきかよくわからない，興味がないなどの場面で出やすいという特徴があります。

　よって教師が何をすべきか明確に示したり，時には言葉だけでなく，文字や図にして示したりすることも必要です。

③のケースの場合

　個別に支援することを中心に，６月ルールづくりにある「ルールとリレーション」の図（p.100）を参考に，自分も周囲の子も互いに気持ちよく過ごせるのに必要なことは何かを説いた上で，相手が嫌な気持ちになったら「風船にするとどのぐらいの大きさになる？」「重さがあるとしたらスイカより重い？」等を聞き，具体的な量やかさを示して，その言動がどのように周りに不快を感じさせているかを振り返るなどさせたいものです。

7月 質問紙以外の いじめアンケートの活用法

✓ いじめに対するアンケートは状況によって使い分けよう
🔑 Keyword 質問紙によるアンケート以外の方法

いじめ問題の解決に向けて

　我々教師は，子どもの問題行動を目の当たりにすると，指導をします。これは決して間違ってはいません。しかし，子どもの問題行動だけを見ていても問題行動が収まらないケースがあります。こういうときは，「なぜこの子はこういう問題行動を起こすのか？」という問題行動を起こす子どもの心に着目し，対策を練る必要があります。

　これは子どもとの駆け引きです。得てして生徒指導・生活指導では，教師は一方的で威圧的になりがちです。こうした教師の態度は，子どもの反発心をかうことにつながります。さらにますます険悪なムードのまま，指導が「教師対子どもの戦い」になってしまいます。このような事態では指導の効果はほとんど期待できないでしょう。

指導上の心得

・問題行動だけではなく，その子がなぜそのような行動を起こしたのか考える。

・暴力という行為を叱っても，暴力を引き起こした感情や動機は否定・叱責しない。

・叱ることは必要だが，叱ることですべてが解決するわけではない。

・罪を憎んで人を憎まず。

いじめアンケート以外の方法を活用して，心理学的に子どもの問題行動とその心理把握の仕方を考えてみたいと思います。

いじめアンケート以外の把握の例

　自由記述で把握したい場合は，さりげなく，自分の悩みを打ち明けさせるように尋ねます。
- ・「最近困っていることはありませんか」
- ・「３つの願い事がかなうとしたらどのようなことを頼みますか」
- ・「今の君へ20歳の君からのメッセージ」
- ・「ふわふわと感じる言葉とチクチクと感じる言葉を教えてください」

友達関係の把握のためにできる心理検査等
- ・「Q−U」の学級実態把握…K−13法を用いた分析，診断
- ・「友達紹介コーナー」（※低学年編参照）

いじめに対する認識の把握のためにできること
- ・「エピソードアンケート」の活用…いじめ，けんか，ふざけ合い，無視等（※高学年編参照）
- ・「誰が悪い→どうすれば起きなかったか，その後どうすればよいか」日常的なチャンス指導を生かして取り組む

7月 中学年で起こりがちなトラブル「仲間はずれ」

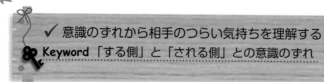

✓ 意識のずれから相手のつらい気持ちを理解する

Keyword 「する側」と「される側」との意識のずれ

「仲間はずれ」のロールプレイ

ねらい 休み時間にありがちないくつかの場面の中から「仲間はずれ」の場面を例にロールプレイし，「する側」と「される側」との意識のずれに気付き，いじめをしない自分づくりの一助にする。

活動1

問題の意識化

「最近気になること」のアンケートから，「いじわるを言う側と言われる側」の意識の違い（ずれ）があることに気付く。

※自分が言われて嫌なことには気付きやすく，言う側になるとあまり相手を意識していない場合が多いこと。言われると痛みやつらさを感じやすいことに触れる。

原因の追究・把握

〔状況設定のシナリオ例〕
休み時間のドッジボールに混ぜてもらおうとして，混ぜてもらえた子と混ぜてもらえなかった子がいた（展開はある程度演者に任せる）。

(1)　ロールプレイをし，演じた後の感想を話し合う。

　　※仲間はずれにする側，される側，一緒にいた人（はやし立てる等），ロールプレイの様子を見ていて等，それぞれの立場を意識して振り返らせるように配慮する。

(2)　話し合いをもとに，解決できる具体的なやりとり場面を想定してシナリオを作る。

振り返り「解決方法の自己決定」

(1)　ロールプレイをもとに振り返り，仲間はずれにする側とされる側の意識のずれに気付かせることを確かめる。

(2)　仲間はずれを起こさないようにするためには，自分だったらどのように受け答えするかを自己決定する。

活動2

問題の解決や対処の仕方

(1)　シナリオをもとに，解決場面をロールプレイする。

(2)　演じた後の感想を話し合う。

実践への意欲付け

(1)　全体でシェアリングをする。

(2)　振り返り（自己決定したこと）をもとに，「自分もよく相手もよい解決の方法」を確認し，自分がそのような場面にあったら，どのように対応・対処するかをロールプレイして確かめる。

振り返り

　　「トラブル解決」のためのポイントをもとに，行った活動2が活動1とどのように違っていたか，話し合いで出た気付きや感想，実感したことを発表し合う。

　※「やってはいけないからしない」のではなく，「相手の人が嫌な思いをするからしない」と，相手のつらさを実感できるようにさせたい。

7月 いじめ予防にサイコエデュケーションを活用しよう

✓ いじめの予防にサイコエデュケーション（心理教育）を活用しよう

Keyword 伝え方の順番を工夫してわかりやすく伝える

いじめ予防としてのサイコエデュケーション

「いじめの予防」にはサイコエデュケーションを活用することができます。サイコエデュケーションとは，育てるカウンセリングの一つの形態で，心理的なものの見方や行動の仕方を教えることです。日本語訳すれば「心理教育」のことになります。

現在のいじめ問題の要因の一つには，人間関係の希薄化が挙げられています。従来はどちらかというと問題が起きてから慌てて対策を講じて対処するやり方（対症療法的対応）が多かったように思われます。

「いじめ予防」を意識したとき，普段から意図的・計画的に人間関係をつくる教育（新しい行動の仕方・新しい考え方や認知・新しい感情体験）をしておいて，問題の発生を予防したり，未然に防ぐ関係づくりをしたりしておく方が，遠回りのようで意外に近い解決策になることになることは言うまでもありません。

いじめ問題の対応策には？

いじめ問題は，当事者同士（いじめる－いじめられる）はもちろんのこと，はやし立てる観衆や見て見ぬふりをする傍観者など，集団の在り方，クラスの雰囲気が大きく影響していることは周知の通りです。

ところがどうでしょう，希薄化の影響からか，最近の学級集団は教育的機能（集団が個を育てる機能）が失われつつある傾向にあるともいわれています。それは，友達関係で遠慮や気兼ねをし，緊張・防衛してあたりさわりのないような受け答えをしたり，人から反対されて自分が傷つかないように，嫌なら嫌と本音でものを言うことを避けたりするなど（仲間からの同調圧力＝ピアプレッシャー）の，子どもたちの実態からも明らかであると思います。これらの問題に答え得る一つとしてサイコエデュケーションが活用できると思います。

　いじめの予防を考えたときに人間関係スキルや社会的スキルを促進する手法には，エンカウンター，ロールプレイ，アサーションスキルトレーニング，ソーシャルスキルトレーニング，グループワークなどが挙げられます。中学年に合う形で活用しましょう。

相手にわかりやすく伝える「伝え方名人」

(1)　「先生からの伝言をクラスみんなに伝えること」を，伝える順序を意識しないで代表児童がロールプレイする。

〔シナリオ例〕
　Aさんがけがをした（事実）ため先生が保健室に連れて行く（理由）ので，着替えが終わったら静かに教室で本を読んで待っている（指示）。

　・代表児童がシナリオの順番を意図的に入れ替えてロールプレイする。
　・ロールプレイの様子から，気付いたことや感じたことを発表する。
(2)　「先生からの伝言をクラスみんなに伝えること」を順序を意識して行う。
　・代表児童がシナリオの順番をわかりやすく入れ替えてロールプレイする。

振り返り
話す順番を意識した方が伝わりやすいことを確認する。

7月 保護者会・懇談会で使えるワーク

✓ 親子関係を促進するワーク

Keyword 観察法，役割交換法

保護者会・懇談会で使える親子関係をよくするワーク

　夏休み前に行われる保護者会の多くは，4月の「出会い」の保護者会を受けて，教師と保護者，保護者同士が知り合い，我が子のことを相談できる雰囲気をつくったり，信頼関係が増し，子育ての悩みを共有できる関係を築いたりすることができれば大成功と言えるのではないでしょうか。

　そのためには，保護者が自己開示（すべてを語るという意味ではなく，その場に応じて語れる範囲で語るという意味）することができ，自然にうちとけ合うことができればよいのではないかと思います。

　そのようなときにおすすめなのが，手軽で簡単に取り組めるグループワークです。しかも，テーマを「親子関係をよくする」や「子育ての悩みをちょっぴり解決」とすれば，時間や都合をやり繰りしてでも保護者会に参加したいと思う保護者は増えるのではないでしょうか。

　そこで，私がこれまでに保護者会で実施してみたグループワークや，プランとして練っていたグループワーク（シナリオを用いた構成済みのロールプレイ）を，具体的な展開例や展開の手順を含めて紹介したいと思います。また，初めて顔を合わせる保護者もいることを考えて，自分なりにどんな点に配慮や工夫をし，取り組んできたかのポイントも紹介したいと思います。ちょっと一味違った保護者会をイメージしていただければありがたいです。

ほめ方・叱り方を学ぶロールプレイ：「親子関係をよくするワーク」

シナリオを使ったロールプレイをエクササイズとして実施します。

ねらい　普段子どもをどのように叱ったり，ほめたりしているか，そのときのことを再現し，振り返りをして今後の我が子とのかかわり方に生かす。

流れ

(1)　普段子どもたちにしている「叱り方」を，「保護者役」「子ども役」「観察役」になってロールプレイする。

(2)　役割を交換してそれぞれの立場でロールプレイする。

(3)　振り返りをし，気付いたこと，感じたことなどを出し合う。

(4)　子どもたちに行ったアンケート（叱られ方・ほめられ方について）をまとめたものを紹介し，親と子の意識のずれがあることを知る。

(5)　「叱られ方」について取り上げ，工夫した叱り方やまねしてみたい叱り方，いちばん心に響いた叱り方，いちばんやる気が出た叱り方などについて，感想を言う。

(6)　話し合ったことをもとに，役割を交換してそれぞれの立場でロールプレイする。

(7)　ロールプレイしたことをもとに，振り返りをする。

8月 転校生の迎え方の寄り添い指導

✓ 転入児童が不安なくクラスに馴染めるような手立てを学ぼう

Keyword 心理状態の共有

転入児童の気持ちに寄り添った援助

「子どもの心に寄り添いましょう」という言葉は，何度か耳にしたことがあると思います。しかし子どもの「心に寄り添う」といっても，実際のところどのように接して，どんな言葉かけをすればよいか悩むところです。援助的に対応すればよいのでしょうか，物理的に近くに寄ればよいのでしょうか。

転入生が来たときのことを想定して，事例をもとに子どもの心に寄り添っていくかかわり方を考えてみましょう。

転校生の紹介の事例

オーソドックスな紹介の例

①担任が転入生の名前と前の学校名を紹介する。

②本人にあいさつしてもらう。

③気の利く子や地区が近い子などの近くの席に座らせる。

気持ちに寄り添う対応での紹介の例

①・②までは同様ですが，③から次のように付け足します。

③「そういえばクラスに転校の経験のある子がいるよね」

教　師　みなさんの中で転校の経験がある人は手を挙げてください。
　　　　５人いるのですね。（同性の）Ａさんは何年生のとき転校したのですか？

Ａさん　２年生のときです。

教　師　新しい学校の教室に入ったときドキドキした？　風船にするとどのぐらいの大きさになりますか？

Ａさん　（両手いっぱい広げて）このぐらいで，割れてしまいそうなぐらいです。

教　師　すごくドキドキしていたのですね。重さはある？　スイカよりは重い？

Ａさん　重さはそんなに重くはなくてドッジボールぐらいでした。

教　師　みんな転校してくるとそんな気持ちになるんだって。ちなみにドキドキが減ったのはいつ・どのようなときですか？

Ａさん　友達が声をかけてくれたり，一緒に帰ろうと誘ってもらったときです。

教　師　なぁるほど，そんな気持ちになるようです。みなさんどうしますか？

子ども　声をかける，しゃべってみる，家が近いから一緒に遊ぶ…

　２つ目の例は気持ちに寄り添った対応事例です。
ステップ１：同じような経験をしている友達がいる
ステップ２：自分の気持ちをわかってくれる友達がいる
ステップ３：不安な気持ちが減っていくことを経験上教えてくれる
ステップ４：その後の対応の仕方について具体的に紹介してもらえる
というステップを経て，不安や悩みが解消するという流れになっています。
　これらの事例を参考に，気持ちに寄り添うという実践を実施してみてください。子どもたちの教師への信頼感が高まります。

カウンセリング

8月 自己開示と傾聴による関係づくり

✓ 自己開示し合うことで心理的な距離が縮まることを体験する

🔑 Keyword　自己開示と傾聴

夏休み明けの不安を解消しよう

　夏休みの間，約１か月間子どもたちは離れて生活していたので，２学期のはじめはそれまでのルールやリレーションのバランスが崩れていることが考えられます。

　特に久しぶりに友達に会う喜びや不安な気持ちを解消するには，自分のことをしっかり語り（自己開示），友達に自分のことをしっかり聞いてもらえる体験があると，解消しやすいといわれています。

　この時期，心ほぐしミニゲームでは定番の，夏休みの思い出を語る「ひと夏の経験202○」主張バージョンを紹介します。

「ひと夏の経験202○」―自分をかたる方式―

ねらい　夏休みの間に体験したことや，経験したことを自分の言葉で伝えることで親近感を呼び戻し，夏休み明けのスタートをスムーズにする。

準 備　話題のサンプル

流 れ

インストラクション

教 師　さぁ，これから，みなさんが夏休みにしてきたことの発表をしましょう。これから一緒に活動する新しいグループのメンバーや，お掃

除をする号車（掃除や給食当番を一緒に行う2グループが一緒になったくらいの中グループ）ごとに集まってします。

自分の話すことはどのようなことでもいいです。新しいグループのメンバーに伝えてもいい内容にしてください。話題のサンプルを参考にしてもよいですよ。

エクササイズ（ペアになって）

教　師　最初は今日から隣同士になるお友達とペアになってください。1人2分間ずつとりますので，話題のサンプルを参考に，自分のことをお話ししてください。

聞く側の人は，「なるほど」「そうですか」「すごい」「ドンマイ」などの"なるほどコール"をしてあげてください。

シェアリング

教　師　「ひと夏の経験202○」をやってみて，どんなことに気付きましたか？

子ども　初めて同じ班になった友達に聞いてもらって，仲良くなったような気がしました。

子ども　みんないろいろなことをしたんだということがわかりました。私も来年やってみたいこともありました。

8月 夏休み中にトラブルに備えよう

✔ 困難さを想定したチェックを意識しよう

🔑 Keyword 夏休み明けの指導に生かす技術

対人関係・コミュニケーションの困難さへの対応

　学級集団を良好にすることと学習への取り組み方を良好にすることの間には，深いつながりがあると考えられています。

　学級集団に課題がある場合，人間関係を良好にするためのアプローチだけでなく，一人一人の学びをよりよくするアプローチも視野に入れた取り組みが期待されます。

　次の項目は，中学年で起こりがちなトラブル場面や指導に課題を感じることを挙げたものです。ご自分のクラスでも確かめてみましょう。

トラブルが起こりやすい場面や時間帯

・登校後すぐ，荷物の準備をしているとき
・校庭の遊具で遊ぶ場面
・いつも自分が読んでいる学級文庫の本を他の子どもが先に使っていたとき
・自分がいつも遊んでいる場所に他の子どもが来ると「来るな」と言うとき
・「○○さん，ダメだよ」と注意されたとき
・一人だけ取り残されてしまった雰囲気のとき

よりよい人間関係が築けない

- 相手への気づかいが不得手で，当たり前と思われる「暗黙のルール」が理解できない
- 相手の何気ない一言に傷つく
- 大切なことを忘れる
- 集団への所属意識が低い
- 周囲の意見を否定的にとりがち

安心感をもたせるためにどうするか

- 指導や支援の言葉を確実に，わかりやすく伝える
- 複雑な話題や指示などは，番号順に指示し，流れがわかりやすいようにする
- 感情のやりとりは，矢印で心理的な距離の長さを使い図解したり，絵で表したりする
- 見通しをもたせる
  - ○わかりやすいように視覚的に示す
  - ○課題を明らかに示す
  - ○トラブルを図や絵などで説明
  - ○感情ごとの顔文字を用意する

パニックのときどうするか

- 共感的に受け止める
- 場合により別室で落ち着かせる
- つらいところを教師と一緒に乗りきる

保護者対応

8月 保護者が参加したくなる 懇談会・保護者会

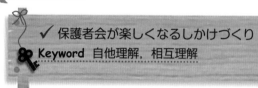

✓ 保護者会が楽しくなるしかけづくり

Keyword 自他理解，相互理解

環境づくりで参加者を増やそう

　中学年ぐらいになると，保護者は学校の雰囲気に慣れることもあり，学級懇談会や保護者会への参加者が減る傾向にあります。保護者と信頼関係を築く場として，参加者を増やす手立てを知りたいものです。

　ハード面で言えば，保護者が参加しやすい環境づくりをすることです。

　まずその第一条件は「行きたくなる雰囲気を醸し出すこと」です。

机や椅子の配置を工夫する

　教室内では，単に机や椅子の配置を変えたり，音楽を流すなどの雰囲気づくりをしたりするだけでも参加しやすい雰囲気ができます。

　例えば，コの字やロの字のほかにも，椅子だけ前に置くとか，扇形に配置するなどして距離感を縮めることができます。また，教室を抜け出して体育館や特別教室などを使ってみるのも一つの手です。とかく固苦しいと思われがちな雰囲気を払拭してイメージの改善を図りましょう。

わかりやすい資料を工夫して具体的な子どもの様子を語る

　保護者にとってわかりやすい資料とはどのようなものか，それは，"子どもの成長が実感できる"ような資料にすることだと思います。

　そのためには，言葉でのやりとりも大切ですが，ビデオで撮影した普段の

様子や行事などの様子を見せたり，デジタルカメラで撮影した映像を見せたり，印刷して資料の一部にするなどします。最近では，パソコンのプレゼンテーション用のソフトの中に動画を入れ込むことができるものもあるのでぜひ活用したいものです。

　また，子どもたちの生活の様子を意識したアンケート調査をし，グラフ化して親と子の意識の違いを明確にしたりもできます。具体的な子どもの様子（良い面を中心に）をエピソードを交えながら語ることがポイントになります。

とっておきの懇談会・保護者会

　筆者にとってのとっておきは，心ほぐしミニゲームや，エンカウンターのエクササイズを生かした取り組みがそれです。

　子どものこともさることながら，保護者会に参加する保護者同士の関係がスムーズであれば，ホンネで話し合いができるようになります。その意味でも，印象をよくするような出会いの場を大切にしたいと思います。前述のように初めてのときは，多少ゲーム性の強いエクササイズで雰囲気を和らげることができます。

　自分が子どもの頃に戻って物事を見つめ直したり，子どもの「今」を確認するなどして，普段何気なくやりとりしていることをもとに，エクササイズを展開しながら振り返ってみます。

様々な悩みを共有する場面の例

　子育ての場面の中での一場面を設定して，ロールプレイで再現したり，役割交換したりしながらそのときの気持ちを実感したり，そのときの対処方法をシミュレーションしたりして，子育ての練習問題を一緒に考えたり，アイディアを出し合ったりすることができます。遠慮なく相談できる関係を築くのに役立ちます。

児童理解に生かすアセスメント

✓ アセスメントで子どもの変化をつかむ

Keyword アセスメントの視点

アセスメントとは

　アセスメントとは，「個人の状態像を理解し，必要な支援を考えたり，将来の行動を予測したり，支援の成果を調べること」といわれています。つまり，状態像を理解することだけがアセスメントではありません。

　学校教育においては，子どもがどのように生活しているのか，周囲の人とどのようにかかわっているのかということを中心にとらえる必要があります。子どものもつ困難さだけでなく，周囲の人や環境を含めた生活を理解することで，今後必要となる支援や将来の行動を予測することが可能になります。

心理アセスメントの手法と内容

　実際に心理アセスメントを行うときには，様々な手法が用いられます。

行動観察法

　行動観察法とは，相談者の行動を観察して分析する心理アセスメントの手法です。

　例えば，態度や表情，言葉などから心理的な状態や性格を読み取るのが行動観察法です。

面接法（聞き取り）

　面接法は相談者と直接会話を交わしながら，悩みの要因を引き出す方法です。

　面接法の中にも様々な種類があり，最初から質問する項目を明確に決めておき，その反応から相談者の状態を把握するものや，質問を決めず相談者に自由に話をしてもらうことで相談者の心理を探る方法などが用いられます。

　また，質問事項をあらかじめ決めておきながら会話の状況によって内容を変えたり，一つの事項について深く掘り下げたりといった方法などもあり，カウンセラーには臨機応変な対話の能力などが求められます。

心理検査法

　心理テストには非常に多くの種類がありますが，最近のアセスメントには，個人だけでなく学級集団も意識した『楽しい学校生活を送るためのアンケート「Q−U」』のように日本テストスタンダード委員会の審査基準を満たし，標準化された心理テストとして認定を受けたものもあります。

　「Q−U」を実施することによって，子ども一人一人についての理解と対応方法，学級集団の状態と今後の学級経営の方針を把握することができます。またK−13法というワークショップ型の分析方法を用いることにより，個人のみならず学級の心理状態も把握することができるのでおすすめです。

ルールづくり

9月 夏休み明けのルールを確認しよう

✓ 夏休みの各自の生活を振り返って生活ルールの確認

🔑 **Keyword** 安全で安心な生活ルール

中学年の9月：生活ルールの確認と修正

　夏休み明けの授業では，1学期に身に付けたルールや約束事などをしっかり守り，ルールとリレーションのバランスが良い子もいれば，忘れ物をしたり，授業に集中できなかったりするなどして夏休み前の学校生活に戻すことができない子も見られます。

　活動内容や時間配分などを，ルールや約束事をしっかり守れる子に合わせたいところですが，うまくペースを合わせられない子への配慮として，生活ルールを確認し，ある程度は待ってあげるゆとりをもって対応しましょう。

　ルールとリレーションのバランスを保ち，学級の崩れの原因になるようなことがないようにしたいものです。

　例えば，「夏休み作品発表会」をした後を想定し（それぞれに努力したことを確認したことを前提にして），ルールの確認例を紹介します。

　作品発表会を通して「自己開示と傾聴」をした後で，学級目標やみんなでつくったルールや約束事などを，具体的な事例を参考に確認します。

「忘れ物について」の例

　この時期集中力が切れる子がいます。学習用具のほかにも身の回りのものなどの忘れ物をする子がいます。

　休み時間の後などにハンカチやタオルで汗を拭いていることを確認し，忘れなくてよかったねと称賛します。

　また，ハンカチを使ってハンカチ人形（動物や置物など自分のアイディアで何でもよい）コンテストなどをすると，忘れないように意識する子が増えてきます。特に夏休み前に忘れ物が多かった子が持ってきたときに，どのようにしたのかを確認するとよいモデルになるでしょう。

９月に再確認したい「生活ルール」

　①どの子どもにとっても居心地がよい学級風土（安心）
　②失敗や間違いが気持ちよく受け入れられる学級風土（安全）
　③学び合いのある風土（安定）

〔子どもたちへの具体的な確認〕
　①クラスのみんなが，いつも笑顔でいるか。
　②「失敗」や「間違い」を笑ったり馬鹿にしたりしないか。
　③困ったときに助け合うことができるか。

〔合言葉〕
教室は失敗してもいいところ
勉強は間違えてもいいこと

リレーションづくり

9月 生活ルールの再確認でリレーションを促進

✓ ルールを細分化することにより行動目標を設定しやすくする

Keyword ルールの細分化，一人一役

ルールの細分化で責任感と役割意識の育成

　低学年のときに経験してはいますが，中学年の夏休み明けは，どのようなことに気を付けるとよいでしょうか。

　この時期は，まだまだ暑い日が続き，体調のバランスを崩したり，夏休み中の不規則な生活等の関係で生活リズムが崩れてしまったりしていることが考えられます。

　2学期は学校行事が多くなり時間に追われたり，学級の枠を外して活動することもあり，一日も早く，生活ルールの再確認をして生活リズムを取り戻させましょう。

　ルールづくりのポイントとしては，1学期に決めた生活ルールをわかりやすく細分化し，行動目標として確認します。さらに，子ども一人一人に責任感と役割意識をもたせるように一人一役で役割を分担します。

◇当番活動は自分から進んで協力して取り組もう。

☆掃除当番は，はじめの会と終わりの会でその日の役割を確かめて，時間内に終わるように協力しよう。

☆給食当番は自分の役割を確かめて活動し，他の人は配膳がスムーズになるように「いただきます」のあいさつまでしっかり協力しよう。

◇時間を守って行動しよう。

☆開始時刻・終了時刻を確かめて，行動しよう。「ベル着・ベル学」

☆次の授業の準備が終わっていることを確かめてから休み時間にしよう。

☆次の活動の場所への移動や着替えや準備の時間をしっかりとって，次の学習にのぞもう。

9月 リレーションづくり

一人一役で役割を分担

■ **生活グループの例**（生活グループ4人1組と想定して）

・リーダー…学習のリーダーとして話し合いの司会をしたり，まとめの発表をしたりする。

・サブリーダー…学習や活動の準備をするための連絡や，ものを取りに行ったり返したりする。

・班長…掃除当番の責任者で，役割を分担したり，はじめの会・終わりの会の司会をしたりする。

・副班長…給食当番の責任者で，役割を分担したり，はじめの会・終わりの会の司会をしたりする。

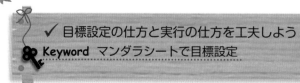

9月 ルールとリレーションの バランスを考えよう③

✓ 目標設定の仕方と実行の仕方を工夫しよう
Keyword マンダラシートで目標設定

目標達成できたときに，子どものやる気が高まる！

　学習やスポーツなどの活動において，子どもたちに目標を立てさせることは，見通しをもって取り組む意欲とモチベーションを高めるためにとても有効な方法です。

　自分が立てた目標が達成できたと感じたときに初めて，「自分はがんばればできるんだ」という自己有能感が高まり，活動したことへの納得感やモチベーションとなっていきます。

　逆に，目標を達成することができなければ，自己有能感が得られず，意欲を低下させてしまう場合もあるので，気を付けなければなりません。

　子どもたちのやる気を高めたいのであれば，子どもたちが達成できそうな目標を立てさせることが大切です。

　中学年は，成長したとはいえ，自分の能力を正しく把握していない子が多いので，自分の能力以上に高い目標を設定してしまうこともあると思います。そのときは，達成したい目標とは別に，具体的に行動できるような行動目標も設定して見取ることをおすすめします。

マンダラシートの記入例

①例えば「プロサッカー選手になる」ことが達成目標なら

　ば，シートの中心にその目標を書く。

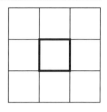

②周囲にある８マスには具体的に取り組める行動目標を書

　く。「毎日50回リフティングの練習をする」「週４回ラン

　ニングをする」「文字をていねいに書く」等，子ども自

　身がちょっと努力すればできそうな目標（行動目標）を決めさせていく。

③振り返りをする。

　定期的に実行できた項目を○囲みしたり，色をぬったりして，達成感や満足感を得ます。小さな目標を達成して自信をたくさんつけさせることが，大きな目標を達成させるための第一歩になります。

具体的な数字や期間を入れた目標を立てる

　「できるだけたくさん勉強する」という曖昧な目標よりも，「毎日30分勉強する」「漢字練習を毎日１頁ノートに書く」といった具体的で明確な目標の方が好ましいです。

　具体的な数字や期限を明確化した目標設定の方が，子どもたちも，何をどのようにがんばればいいかわかりやすく，目標を達成できたかどうかの確かめもしやすくなります。

自分の能力によって達成できる目標を立てる

　目標を立てるときにいくら自分が努力してがんばったとしても，誰かと同じ目標にしてしまうと，それが上回っていれば，目標を達成できなくなってしまいます。

　よって周囲の人の能力に関係なく，自分の具体的な行動やスキルの向上を目標とする方が抵抗なく取り組むことができるでしょう。

ルールづくり

10月 気になることを解消する視点で ルールを修正しよう

✓ やる気や気になることを理解した上でルールを確認しよう

🗝 **Keyword** 気になることの解消に向けて

気になることをクリアしてはじめてやる気になる

　10月は気候もよく，運動会や児童会行事などの大きな行事が多い時期です。やる気いっぱいにがんばる子と，やる気をあまり感じない子がいるのですが，中学年ではどんなことに気を付けることが大切なのでしょうか？

　やる気があるかどうかは，子どもたちの表情や生活の様子などから見取ることができます。そんなときこそ教師観察を大事にしてください。

　我々教師は，以前は叱咤激励など，TPO に応じて使い分ければ子どもはやる気を出すと信じて対応してきました。でも最近は，やる気を起こさせるためには，気になることをクリアしてはじめてやる気になる子が多いようです。

　次のグラフはある市の小学校13校で調査した「学校生活ですごく気になること」のグラフです。

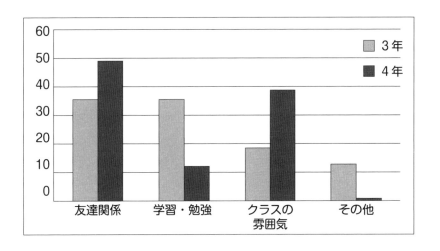

　3年生と4年生を単純に比較したものですが，3年生では「友達関係」
「学習・勉強」がほぼ同じぐらい気になるようです。

　4年生では10歳の壁の課題に代表されるように「友達関係」についで
「クラスの雰囲気」が気になる子が多いのがわかります。

　特に自由記述では，「クラスがかわり，なかよしの友達とはなれたので，
あたらしい友達ができるか不安」「かえってからあそぶやくそくができない
のでいやだ」「みんなできめたことに，もんくをいう人がいる」などで，友
達関係では特定の友達が欲しいことや自分が安心していられる学級の雰囲気
が気になる子が多いようです。

■ 10月に再確認したい「生活ルールのめやす」

①どの子どもにとっても所属意識を感じることができる支持的な学級風土
　（安全・安心）

②失敗や間違いが気持ちよく受け入れられる学級風土（安全）

③学び合いのある学級風土（安定）

トラブル解決（集団）

10月 ストレスを知る・リラックスの仕方を知る

✓ ストレスやリラックスの仕方を学んでトラブルを減らそう
🔑 **Keyword** ストレスマネジメント

ストレスを知る・リラックスの仕方を知る

　10月は「ストレスとは何かを知る」ことと，「簡単なリラックス法」を学ぶことから始めましょう。

　ストレスの定義や種類，ストレスを引き起こす原因などについて紹介し，また，「何かに挑戦するときに感じる軽い興奮」のような有効なストレスが存在することも伝え，「ストレスを無くすことではなく，ストレスとの上手な付き合い方を身に付けることが大切である」ということに気付かせましょう。

ストレッサー，ストレスの用語について理解し，自分のストレスの原因に気付く

⑴　日常生活の中のストレスと感じることがあることに気付く。
　　ストレスについては知ることで，毎日を楽しく健康に過ごせるようになることを知る。

⑵　事前に子どもたちにアンケートをする。
　〔子どもの反応例〕
　①夏休み中（8月20日）に・学校のプールで
　②3年生のAさんに
　③あいさつをしたけど無視された

④最初聞こえないからかなと思って，もう一度あいさつしたけど

⑤そのまま家に帰っていったのですごく嫌な気持ちになった

⑥本人に話をしていないので△

(3) アンケートをもとに反応例をまとめ，ストレスの原因にはいろいろなことがあることを知る。

リラックス法（動作法）をすることで，落ち着いたり，気持ちが楽になったりすることを体感する

十秒呼吸法（ストレス耐性の向上）

(1) 吸った息をお腹をへこませながら口からゆっくりと７秒間かけて吐き出す。

(2) 吐き出したらお腹を膨らませながら鼻から３秒間かけて吸う。

(3) いったん止めて，またゆっくりと吐き出す。

呼吸法により心身がリラックスした状態になると，余裕をもって自己をコントロールできるようになります。課題に過剰反応しないで対処できるようになります。

肩の上下でセルフ・ペアリラクゼーション

セルフ（個人）とペア（２人組）になって(1)～(3)を数回繰り返します。

(1) 両肩を耳にくっつけるように上げ，肩の力をストンと抜く。

(2) 同じように肩を上げ，今度はゆっくりと力を抜く。

(3) 自分の心地よかった方を繰り返して行う。

ペアリラクゼーションは，やる人の後方に立って相手の腕に触れて優しく援助するので，肩の弛みの心地よさがわかりやすいです。

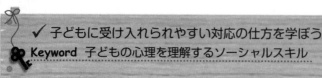

カウンセリング

10月 教師のソーシャルスキルで 笑顔の解決

✓ 子どもに受け入れられやすい対応の仕方を学ぼう

Keyword 子どもの心理を理解するソーシャルスキル

ルールを守らないように見える子どもの心理

　子どもの中にルールを守らないで迷惑をかける子どもがいる場合があります。

　ついやってしまって失敗するケースやこの程度ならいいだろうと甘えの場合もありますが，中には教師にわかってもらいたくて意図的にルールを守らない場合があります。強い口調で指導したり頭ごなしに叱ったりせずに，その理由や気持ちを丁寧に聞き，感情を落ち着かせることがポイントです。

ルールを守らない子どものタイプ

　子どもがルールを守らない際の状態や心理状態は，次の4つのケースが考えられます。

　①守らなくてもいいと思っている場合

　②教師に自分の気持ちを理解してもらいたいと思っている場合

　③ルール自体に不安や不満を抱えている場合

　④身体的・精神的に課題がある場合

対応の方針

これらに対応する取り組みは次の3つであると思われます。

①指導するのではなく話を聞く姿勢を見せる。

②子どもの気持ちを受け止める対応をする。

③ルールを守らない気持ちの表し方を一緒に考え，こまめに相談にのる。

よくない対応後の子どもの心理・反応例

▨ **教師が自分のことを理解していないと感じる**

　自分はまじめにやっていて，友達2人がさぼっていたことを教師がわかってくれていると思ったのに，2人に注意するどころか自分だけ叱られてしまい，教師に不信感を感じてしまった。

よい対応例

▨ **相手の気持ちに寄り添うやりとり（事後対応）**

Aさん　先生はちゃんと見てないのにぼくだけ注意したんです。ぼくはいつもちゃんとやっていたのに……。

教　師　そうかぁ。Aさんは自分が一人でまじめに掃除をやっていて，さぼっていた人がいたのに，自分が叱られたのが嫌だったんだね。（繰り返し）

Aさん　うん……。

教　師　しかも私がさぼっていた人を注意せずにAさんだけ叱ったことで，すごく嫌な気持ちになったんだね。（事実の確認・明確化）

Aさん　そう……。（先生わかってくれた，よかった）

教　師　そうかぁ。気が付かずにごめんね。今度同じようなことがあったときは，しっかり聞いてから言うようにするからね。（関係性の確認）

保護者対応

10月 子どもの言葉を鵜呑みにする 親への対応

✓ 自己開示を取り入れ，心理的な距離を縮めてから対応しよう

Keyword 傾聴の姿勢で事実確認・事実把握

相手の気持ちに寄り添う対応で解決へ

　子ども同士の心理的な距離が縮まるこの時期に，保護者とのやりとりが増えますが，いろいろなタイプの保護者と接することがあり，中には対応に苦慮する保護者もいます。

　今回は「子どもの言葉を鵜呑みにする親」の対応について考えてみましょう。

対応のポイント

　子どもの言葉を鵜呑みにする親は，教師と周囲の大人との関係をつくれないために孤立しがちなケースが多く，保護者と教師や保護者同士のリレーションを意図的に設ける必要があると思います。

対応の方針

　これらを解決する取り組みとしては，次の2つが必要であると思われます。

　・教師と保護者のリレーション（相互に構えのない親和的な人間関係）を
　　形成すること。
　・保護者同士の人間関係を促進すること。

相手の気持ちに寄り添うやりとり

保護者　うちの娘の話だけ聞いてもらえないと言っているのですが，本当ですか？

教　師　Aさんがそのように言っているのですね。すみません。はっきりとした心当たりはありませんでしたが，Aさんに嫌な思いをさせてしまったのでしょうね。特にどのような場面だったかはお母様に話していましたか。（事実の確認）

保護者　ええ。学習のことや掃除のことをお話ししたかったそうなのですが，自分だけ聞いてもらえなかったと言っています。（事実の把握）

教　師　そうでしたか。気配りが足りなかったようで申し訳ありません。Aさんにとって大事な話を聞き漏らしていたのかもしれませんね。明日しっかり話を聞かせていただきますので，Aさんに伝えていただいてもいいでしょうか。Aさんからは，時々，ご家族でお出かけをしたことやみんなで本を読む日があることを聞き，我が家でもまねをさせていただいていました。（関係性の確認）
　　　　身近に感じていつでも話を聞いていると，安心してしまっていたのかもしれませんね。（感情的な言葉に触発されない対応・自己開示）

保護者　先生もお忙しいでしょうが，ぜひ娘の話も聞いてやってください。

教　師　はい，わかりました。

　無理に説得しようとすると拒絶的態度をとられてしまうこともあるので，Aさんも含めた子ども全員の努力やがんばりを認める場面を拾い集め，それを学級だよりや懇談会で明らかにしていく（学級開示）と，親自身も教師や他の人の意見を受けやすくなります。

10月
保護者対応

児童理解

11月危機を避けるための児童理解

✓ 合意形成と折り合いのつけ方から理解しよう

Keyword 折り合いのつけ方

中学年の11月「合意形成と折り合いのつけ方を学ぶ」

11月，中学年のこの時期は，グループがいくつかでき，クラスのまとまりが感じられるようになってきます。反面，自己主張が強い子が出はじめる時期でもあるので，互いに気持ちよく過ごせる学級づくりが求められます。

互いに気持ちよく過ごせる学級をつくるためには，学級活動の時間に活発な話し合い活動を展開し，自分の意見を発表したり，他者の意見をよく聞いたりして，合意形成することが大切です。そのためには以下のように折り合いをつける実践を通すことが求められます。

みんなが

　○それぞれの意見を合わせる。

　○いくつかの意見のよいところを取り入れながら，新しい考えをつくる。

　○それぞれを縮小して全部行うことにする。

　○優先順位をつけて上位の考えに決める。

一人一人が

　○自分の考えを変え，異なる意見に賛成する。

　○条件をつけて賛成する。

基本的な生活習慣や，約束やきまりを守ることの大切さを理解して行動し，生活をよくするための目標を決めて実行すること。さらに，合意形成によって決めたことをみんなで実践することのよさを実感できるような活動となるよう配慮する必要があります。

　合意形成とは，話し合いを通して，自分の意見を変容させたり，他の意見に譲歩したりして集団としての意見をまとめて折り合いをつけることが大切だということです。

　この考え方はトラブルがあったときの解決の仕方にも役立ちます。

　p.69でも取り上げましたが，下図は合意形成を意識した「対立解決モデルの概念図」です。

　合意に至らない場合，右下の「あきらめる」，左上の「戦う（対決する）」，中には左下の「逃避する」ケースも出てくるかもしれません。

　そのような話し合いになると，関係性ができていない場合「自分が言っても取り上げられない」「自分の居場所がない」などと感情的な不満になりやすく，中学年になって自ら発言しなくなったり，他者任せになってしまったりする場合もあるので，気を付けて指導に当たりたいものです。

　自分もよく相手もよい「われわれ意識」を育んで，11月危機（学級の荒れが多くなりやすい時期）を避けたいものです。

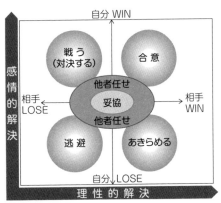

対立解決モデルの概念図（八巻案）

11月 ゲス・フー・テスト（肯定的選択質問アンケート）

子ども目線の友達理解とリレーションづくり

　中学年の子どもたちでも，これまでの8か月間のかかわりを通して，ある程度互いのことを理解できるようになります。特に，「今年のまとめ」や「振り返り」をすることが多くなる12月に向けては，相手のよさや弱点などに気付いたり，理解したりできる子どもが増えるようになります。

　そのような時期には，教師の観察で見える子どもの姿だけではなく，子どもが理解する関係を把握することをおすすめします。

ゲス・フー・テスト（肯定的選択質問アンケート）

　この時期におすすめなのが「ゲス・フー・テスト（肯定的選択質問アンケート）」です。ゲス・フー・テストは，ハーツホーンとメイが考案した検査で，子どもの側から観察されている仲間の社会的地位や役割認知などの情報を得るための方法です。いろいろな性格・行動を表す文章を挙げて，集団成員の中で誰が該当するかを記入させ，その結果から集団内の成員がお互いをどのように知覚しているかの情報を得ることができるというテストです。

　例えば，「授業中いつも発言する人は誰ですか」というような特定の特性や行動傾向をもつ人を尋ねる質問をして，その人の名前を具体的に書かせるので，教師の評価や子ども自身による自己評価とは違った視点から集団をと

らえることができ，多面的に評価することを可能にします。

　一方，不用意にテストを実施することにより集団内に疑心暗鬼を発生させたり，ネガティブな特性を取り上げることにもなったりしかねないので，実施には注意が必要です。そこで，ゲス・フー・テストの考え方をベースに「肯定的選択質問アンケート」として実施することをおすすめします。

「肯定的選択質問アンケート」

　子ども自身が「○○さんすごいなぁ」「～なら○○さんが得意だなぁ」「○○さんのように～がじょうずにできたらなぁ」と思える友達を紹介します。

紹介カードの書き方例

①一つの質問に３人記入する。３人未満も可。
②ゆっくり落ち着いて考えさせ，お題（テーマ）に合いそうな人を選ぶ。訳や理由はいらない。

お題の例

〈友達の言動に関して使えるお題〉

・授業中にたくさん発表する人　　・遊びのとき，進んで誘ってくれる人
・掃除や給食当番をまじめに最後までがんばる人
・よく気が付いてお手伝いしてくれる人　　・あたたかい言葉をかけてくれる人
・困っているときに，励ましたり，慰めたりしてくれる人

〈友達の内面に関して使えるお題〉

・困ったことがあるときに助けてくれそうな人
・一緒に遊んだら楽しそうに遊べそうな人
・誰にでも優しくしてくれそうな人　　・みんなから頼りにされそうな人
・掃除や給食当番を一緒にやってみたい人

11月 教師のタイプ別傾向から対応策を考えよう

✓ 教師の指導タイプを生かしたトラブル解決を考えよう

🔑 **Keyword** 教師の指導タイプによるかかわり方

教師のタイプ別対応の仕方

　右図は，「教師の指導タイプとかかわり方のモデル図（八巻案）」です。

　教師の指導タイプとかかわり方の傾向をクロスさせたもので，強みや弱みを意識してご自身の指導の目安をもち，課題解決の指導の際の参考にしましょう。

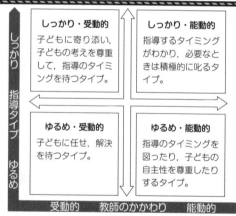

	しっかり・受動的 子どもに寄り添い，子どもの考えを尊重して，指導のタイミングを待つタイプ。	しっかり・能動的 指導するタイミングがわかり，必要なときは積極的に叱るタイプ。
	ゆるめ・受動的 子どもに任せ，解決を待つタイプ。	ゆるめ・能動的 指導のタイミングを図ったり，子どもの自主性を尊重したりするタイプ。

縦軸：指導タイプ（しっかり／ゆるめ）　横軸：受動的　教師のかかわり　能動的

教師の指導タイプとかかわり方のモデル図（八巻案）

しっかり・能動的タイプ（右上）

　生徒指導・生活指導場面に応じて，指導するタイミングがわかり，必要なときは躊躇せず積極的に叱るタイプです。

　指導の際も，ポイントをおさえて指導できるので，周囲からは頼もしく思われるタイプです。反面，経験や勘に頼ることもあり，子どもの気持ちをくみ取りにくく，子どもたち自身が自ら気付き，行動修正しようという意欲をもちにくくなります。「②本人のもつくせや特性などの課題」（p.104）に該当する子どもには，傾聴技法を使って，話を聞く姿勢をもって対応するように

心がけましょう。

しっかり・受動的タイプ（左上）

　子どもに寄り添い，子どもの考えを尊重して，指導のタイミングを待つタイプです。

　このタイプは，子どもの気持ちに寄り添ったり，子どもの声を積極的に聞こうとしたりする姿勢をもっているので，親しみを感じやすく，子どもからの人気が高い教師が多いです。反面，心理的な距離が近いこともあり，声をかけすぎたり，気持ちに寄り添いすぎたりするあまりに，叱るべきときに叱ることができずにタイミングを逃してしまう可能性もあります。

　特に，「③授業中のしつけやルールが身に付いていないなどの課題」に当たる子どもたちには，気概をもって接する必要もあることを意識して対応しましょう。

ゆるめ・能動的タイプ（右下）

　指導のタイミングを図ったり，子どもの自主性を尊重したりするタイプです。

　このタイプは，子どもの自主性を尊重するので，互いに解決に向けて話し合える高学年や学級の成熟度が高い学級では有効に機能します。

　しかし，授業中のおしゃべりのように，はっきりした学級の生活ルールとして判断しにくいような課題の場合，子どもたちに委ねてしまうと，一部の主張の強い子どもの発言に左右されてしまう危険性もあり，注意が必要です。

　子ども同士が気持ちよく過ごせるルールの一つとして「おしゃべりは周囲に不快を与える行為」であることが認識できるよう声かけしていきましょう。

ゆるめ・受動的タイプ（左下）

　子どもに任せ，解決を待つタイプです。

　このタイプは放任しがちで，ルールとリレーションが成立していない状態なので，叱る指導を考える以前に，教師としてのスキルを身に付けましょう。

カウンセリング

シェアリングを生かした振り返り

✓ 「感情を伴った振り返り」で気付きを促す

🔑 Keyword　シェア・シェアリング

「感情を伴った振り返り」で気付きを促す

　11月頃になると，それまでの活動の振り返りをすることになりますが，中学年では，実際に取り組んだことの事実についてどうであったか振り返る場合が多いです。

　しかし，高学年に向けて，次第に本音を言わなくなる現状を考えると，振り返りに感情の言葉を伴った習慣付けを行うこと（シェアリング）で，周囲に遠慮したり，感情を抑え込んでしまったりしない自分づくりに一役を果たすことができます。シェアリングの仕方を学級づくりに生かしてみましょう。

シェアリングとは

　シェアリングには，子ども自身がエンカウンターや心ほぐしのミニゲームなどのようなエクササイズで体験したことをわかち合い，そこで得た気付きを明確にするという意味やねらいがあります。

　つまり，個人の課題や問題に焦点を当てるのではなく，エクササイズによる共通体験の中でわき起こった“感情（今ここでの気付き）”について相互交流していくことになるので，教師が交流の方向や深度をコントロールでき，また，短時間でできるという利点もあります。

　①「自分がどう受け止めて何を感じているか」を友達に向けて表現するこ

とで，自分の人となりを他者に理解してもらう（自己表現）。

②友達の感じたこと・気付いたことを聞いて，自分の気持ちと似ている点や違う点を発見する（自己発見）。そのことによって友達のいろいろな面を知ることができる（他者理解）。

③一つの共通な体験を通して，自分の中でわき起こった気持ちや感情の変化を，表現することで明確化し，自分自身をより深く知ることができる（自己洞察）。

主な手順

○２人組か４人組程度のグループサイズでシェアリングを実施する。

・今から一人１分ずつ，感じたこと，気付いたこと，発見したことなどをペア（またはグループ）で順番に発表し合います。ジャンケンや一瞬指相撲などをして順番を決め，決めた順に発表します。

・時間は先生が伝えますので，『やめ』の合図になったら途中でもやめてください。

・はじめの気持ちとエクササイズをした今の気持ちを比べて思ったことを話すようにしましょう。

○発表ができない子がいるときなどには，教師が "介入" し，デモンストレーションを行う。

〔介入の例〕

・先生は，みんながうれしそうにしていたので安心して見ていたけど，何人か緊張していた人がいたのを聞いて，「そうなんだぁ～。同じことをしても，いろいろ感じ方が違うんだぁ，これから気を付けようっ」て思っちゃった。

・みんなはどんなことに気付いたり，感じたりしたのか，知りたいなぁと思います。等

ルールづくり

12月 教育相談を生かした ルールづくり

✓ 自分たちにとって切実な生活ルールをつくり上げよう

⚷ **Keyword** 合意形成

ルールづくりのシステム化＋教育相談的工夫

　ルールづくりと聞くと，「守らなければならないもの」というイメージが強く，なんとなく教育相談とは相反することをするような感じがしますが，ルールづくりや規律の指導は，相手もよく自分もよい関係づくりにおいては，なくてはならないものです。なぜなら子どもたちにとっての不安や悩みを減らし，安心感をもって生き生きと活動する前提になるからです。

　教育現場における「安全感」と聞くと，登下校の危険な交通事故や不審者への対応，地震や火災などの防災に関するような危機管理，インターネットの裏サイトの問題や陰湿ないじめによる自殺などへの対策等をイメージすることが多いように思います。しかし，子どもたちを取り巻く環境には人間関係のゆがみから起こる様々な課題が吹き出しはじめていると感じています。現に，巷で起こる事件・事故では，以前には考えられなかったような家族内での殺人事件等凄惨な事件・事故が多くなってきているという現実もあります。

　文部科学省では小１プロブレム（一部の子どもが立ち歩いて授業が成立しない状態）や中１ギャップ（不登校やいじめなどが要因になってうまく適応できない状態）などの課題に応えるべく，人間関係の形成力や社会的スキル，コミュニケーション能力などの力を育みたいとしています。

　その根底として，以前は当たり前のように備わっていた規律，ルールやが

まんする心の欠如など，しつけがうまく機能していないこと，子ども自身が
ピアプレッシャー（仲間からの同調圧力）を感じて，自分の本意ではないこ
とであっても相手に合わせてしまい，不適応を起こしたり，ひきこもりや不
登校になってしまったりするケースが増えてきていること等も挙げられます。
これらは，本音でかかわることができないために起こったり，まじめに振る
舞ったりすることで目立つことを避ける最近の風潮とも関係しているのでは
ないかと思っています。

子どものホンネをリサーチする

　ルールをシステム化し，それに応じてマニュアル的に取り組む事例も出は
じめてはいますが，私はそれにプラスして「子どものホンネをリサーチす
る」ことが大切だと思います。

　私は，子どもたちが互いを尊重し，自分もよく相手もよい関係づくりをす
るために必要なのが，ホンネのリサーチだと思っています。一人一人に直接
聞く方法もありますが，「こんなクラスにしたいなアンケート」や「エピソ
ードアンケート」等のアンケートをもとに，どのようなクラスにしたいか，
どのような言動が不快に感じたので今の学年ではそうならないようにしたい
かを具体的に話し合わせ，行動目標として具体的な言動の仕方について話し
合って（合意形成），自分もよく，みんなもよいルールを練り上げていきま
す。

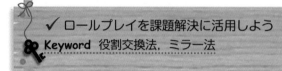

12月 ロールプレイの基本を知って 効果的に活用しよう

✓ ロールプレイを課題解決に活用しよう

Keyword 役割交換法, ミラー法

ロールプレイで相手の心情理解

　ロールプレイング（以降, ロールプレイ）は, 通常は1人ないし数人の援助を得て, ある人が普段は演じることのない人物の役割や立場を, 筋書きのないドラマの中で即興的, 自発的に演じ, それによってその人物が「今, ここ」で感じる感情や思考を自らの内で実際に経験することです。日本語訳のまま, 役割演技と言うこともあります。

　ロールプレイはJ. L. モレノが創案した心理劇に起源をもちます。モレノは, 家庭で夫との衝突がたえなかったある女優に, 普段のしとやかな娘役とは異なる売春婦の役割を即興的に演じさせてみたところ, 迫真の演技で観客から喝采をあびたことにヒントを得て, 心理劇をはじめたといわれています。

　モレノの心理劇は, 監督, 演技者, 観客, 補助自我, 舞台という5つの要素からなり, 監督が設定するある場面を演技者が自分の欲求と自発性にもとづいて即興的に演じ, それによって劇を進行させるものです。

　筆者自身は, 子どもの実態や状況をもとに, 思いつきや勘を頼りに, ロールプレイをしていたケースが多いです。その後いろいろな書物や文献で, ロールプレイの基本技法があること, 多くの研究者や先人たちによって理論や方法論が考え出され, 指導形態としてしっかり確立されていることを知りました。

　ロールプレイを組み立てる基本技法には次のように様々なものがあり, 指

導・相談場面に意識して取り入れることによって，効果が期待できるものもあります。

　これらの技法を活用することによって，どのような目標に向かって，どのような展開が予想されるかの見通しをもって取り組むことができます。

　中学年で効果的な例を2つ紹介します。

役割交換法（ロールリバーサル）

　お互いの立場の役割を交換するように，自分が相手に，相手が自分の立場になりきってロールプレイを行います。

　言語を介すること以外にも身ぶり手ぶりを交えて行ったり，言動だけではなく，内面の思いも類推したりして表現すると，お互いの本来の姿が現れることがあります。互いの視点や感じ方に変化が起こってくる方法です。

〔例〕いじめる―いじめられる関係，意地悪を言った―言われたの関係

〈留意点〉ネームプレートを準備するなどして役割をはっきりさせ，ロールプレイが終わったら，しっかり役割解除をしましょう。

ミラー（鏡映法）

　相手のしぐさや言動などの立ち居振る舞いを相手の前でそっくりまねて演じて見せる方法のことです。相手は自分の立ち居振る舞いを目の当たりにすることになり，自分の状態，思いや気持ちを客観的に見ることになるので，自分自身に改めて気付くことができる効果があります。

〔例〕言動が自分本位の者への気付きを促すとき

〈留意点〉まねっこゲームのような要領で行うと抵抗なく行えます。

ユニバーサルデザイン

12月 発達課題と心のケアについて学ぼう①

✓ 集団の中で自己を生かすためには何が必要か確認しよう
Keyword 自己を見つめる，コミュニケーション能力

集団の中で自己を生かすために

　子どもが集団の中で自己を生かすためには，他者の個性を尊重し，自己の個性を発揮しながら，集団内の様々な人々と適切にコミュニケーションをとり協力し合って活動する必要があります。

　そのためには「子どもが自他のよさや個性に気付くことのできる場を意図的に設定すること」が必要です。学級活動等においての「自己を見つめる活動を行う」などの方法がそれです。さらに，集団の中で子どもが自己を生かすためには，「コミュニケーション能力を育てる」ことも重要です。

　相手に対して思いやりの気持ちをもちながら，自分の考えを適切に伝えることのできる能力を各教科等で身に付けさせる必要があります。

友達と協力して活動する中でかかわりを深めるために

　低学年で，学校生活への適応を学んできた中学年の子どもは，自分から好んで集団で物事に取り組もうとする姿が見られます。そのような姿を生かしながら，友達づくりや集団のルールづくりを大事にしたいものです。

　掃除や給食などの当番的活動や，異年齢集団活動など，学校生活の様々な場面で，自分たちでルールをつくり，それを守る姿を育てる必要があります。

　ルールを守ることで，周囲から認められ，集団のまとまる力も高まる。ま

た，縦割り活動の行事やクラブ活動の決定，地域清掃活動など，特別活動では協力し合える人間関係を築く態度を育てる必要があります。

気を付けたいコミュニケーション

　図は以前に小学３年生を対象に調査した「コミュニケーションの頻度と効果」のモデル図を一部筆者が変えたもので，コミュニケーション頻度と効果の関係を高い―低いでクロスさせ，関係を感じ方の視点でとらえたものです。

　コミュニケーション頻度が高く効果も大きいと「話を聴いてもらったら明るい気持ちになる」と思う子どもが多い傾向があり，逆にコミュニケーション頻度が低く効果も小さいと「話を少し聴いてもらったけど，明るい気持ちにならなかった。何も感じなかった」と感じる子どもが多いことを示しています。

　ポイントは左上で，コミュニケーションの頻度が高くても，納得感をもつことができない子どもが中学年に多いという事実です。そのことを意識して学級づくりにあたりたいものです。

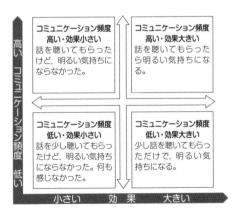

コミュニケーションの頻度と効果のモデル図
（八巻案）

12月 懇談会でリフレーミング

> ✓ 懇談会で話題になる "親子関係" こんな取り組みどうでしょう
>
> 🔑 Keyword リフレーミング, 3人寄れば文殊の知恵

リフレーミングとは？

　リフレーミングとは，ある出来事や物事を違った見方をすることで，それらの意味を変化させて気分や感情を変えることです。12月の懇談会でのおすすめエクササイズを紹介します。

我が子のいいところ探し―言葉のプレゼント―

ねらい　とかくよくない面が目立ち，つい気になって一言言ってしまうわが子に対して，改めて我が子のいいところを認め，肯定する気持ちを育てる。

準備　ワークシート，筆記用具

インストラクション

・普段我が子を見ていると，よい面よりもよくない面が目につき，つい一言小言を言うというようなことはありませんか。

・小学校5・6年を対象にしたある調査によると，8割以上の子どもたちが親にほめられるよりも小言を言われることが多いと感じているようです。一方保護者の6割は子どものよい面を認め，ほめていると思っているということです。この意識の違い（ずれ）はどこからくるのでしょうか。おそらく，具体的な場面でほめるよりもつい目についたことを言われてしまうからということもあるのではないでしょうか。

・そこで今から我が子のいいところを探し，普段なかなか伝えられないことを言葉のプレゼントとしてメッセージカードに書き，渡してみてはいかがでしょうか。

流れ

(1) ワークシートに我が子のことについて知っていることを書き込み，長所や短所を見つける材料にする。

※短所に感じることを裏返して（リフレーミング）肯定的にとらえてみるとどのようになるかを考えながら書くようにすることを伝える。

(2) 書いたものをもとに，3，4人一組のグループになり，我が子の長所や短所を紹介する。

(3) 一人2分程度発表し，その後短所をよい見方でとらえるとどのようになるかを，3分間でグループで検討し，いいところの一つに変身させる（例：すぐにカッとする→感受性が豊か）。

(4) グループ全員が終わったら，グループ内で振り返りをする。特によいと思われる変身の言葉の例をいくつかピックアップしておく。

(5) 全体で話題になったことをもとに振り返りをする。

(6) 言葉のプレゼントカードに各自が書き込み，我が子に渡す。

Point

・普段顔を合わせていると長所よりも短所の方が目についてしまうが，短所を見方を変えてとらえることで長所にしたり，長所をさらに伸ばしていく励みにできる。

・なかなか自分では気付かないことを他のメンバーから肯定的な言葉で教えてもらえること（3人寄れば文殊の知恵）で，広い視点でいいところ探しができる。

終わってから

　メンバーからはいろいろなコメントをもらいますが，最終的には自分で言葉のプレゼントメッセージカードを記入して我が子に渡すことになります。

1月 児童理解

教育相談の視点を大切にした児童理解

✓ 児童理解の視点の基礎・基本を再度確認しよう

Keyword 児童理解の視点と学級担任の姿勢

中学年の1月で大切にしたい児童理解

　子どもへの指導・援助は子ども一人一人の個性に応じてより具体的に進められなければなりません。そのためには，一人一人の子どもの特徴や傾向を十分に知り，把握するための児童理解が必要になります。

　子どもをよく理解することによって，個々の子どものどこを生かし，どこを伸長させるべきか，どこに問題があるのかについて明確にし，どのような機会に，どのような方法で指導・援助することが最も効果的かということも明らかになってきます。

　一方子どもは，所属する集団成員から様々な影響を受けているので，一人一人の子どもを十分に理解するためには，個人が所属している集団の実態や傾向，心理状態，関係性などを理解することも必要になります。

　しかし，最も大切なことは，子ども一人一人の言葉に耳を傾け，その気持ちに寄り添い，敏感に感じ取ろうとする教師の姿勢です。

児童理解の視点

○子どもをとりまく人間関係の理解
○子どもの思考や学習態度の理解
○所属する集団における位置や役割の理解

児童理解の方法

○直接的なふれあいを通して子どもの内面にせまる。

　・授業中の具体的なふれあいにおいて理解する。

　・作文や図工など，子どもの作品から理解する。

　・遊びの場面の観察や，一緒に遊ぶことによって理解する。

　・休み時間の自由なおしゃべりを通して理解する。

○資料を収集し活用して，客観的，多面的に理解する。

　観察法：文章記録法，録音法，評定尺度法，文章完成法

　面接法：調査面接法，相談面接法，集団面接法，グループ面接法

　質問紙法：自由記録法，多肢選択法，一部記述法

　各種検査法：知能検査，学力検査，性格検査，適応性検査，

　　　　　　　標準化された心理検査Ｑ－Ｕ

　その他：作文や日記（生活・グループ等）などによる方法

児童理解の視点と学級担任の姿勢

○個性の尊重と個別的理解

　・一人一人の児童をかけがえのない存在として認識する。

　・長所を認める。　・子どもの立場に立つ。

○発達的，生育歴的視点

　・個性的な発達を重視する。　・長期的展望をもつ。

　・過去を現在の指導の手がかりとする。

○多面的に把握する視点

　・問題面だけにとらわれず多面的に見る。

　・感情，情緒を重視する。　・課題への取り組み方を見る。

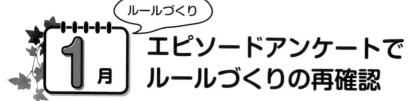

1月 エピソードアンケートで ルールづくりの再確認

✓ エピソードを使ってルールの確認をしよう

Keyword エピソードを使ったルールづくり

エピソードアンケートの活用

　中学年の場合，実際にいじめが起きたクラス，持ち上がりのクラスなどでは，アンケートから提案すると，誰がそれを書いたかを詮索されたり，特定されたりしてしまう場合もあります。

　そのようなときは，「エピソードアンケート」がおすすめです。

　エピソードとは，教師が観察していて気になるような場面（例：言葉づかいの悪さ，当番活動で協力しない，授業中の態度……等）や，子どもの生活日記や保護者からの不安の声等をもとに，具体的な場面を脚色してアンケートの質問項目にしていくものです。

> 〔例〕Aさんたちはプロレスごっこをしています。友達はいつもAさん一人を悪役にしています。周囲は楽しそうに見えるので，声をかけません。このような場面をあなたはどのように思いますか。

　このようにエピソード場面がふさわしいか否かを確認していきます。さらに賛成や反対の数を数値化したり，グラフ化したりすることによって意識のずれや感覚の違いを修正して，みんなのルールづくりの材料にしていくことができます。

子どもにとっての切実なルール・必要なルール

　これらの振り返りや話し合いをもとにしたものが子どもたちにとって切実で必要なルールになります。それをみんなのめあてやみんなのルール，みんなの合言葉のようなスタイルで仕上げていけばよいわけです。

　よく教室の前面掲示に，教師が考えた学級の目標や目指す子ども像等が掲示されていることがありますが，ほとんどの場合「絵に描いた餅」になってしまっているのではないでしょうか。

　当然，その学級目標に合わせてルールづくりをしていけばよいわけですが，どうしても型にはまってしまうという感覚は拭いきれません。

　子どもの考えや思いが，ルールや合言葉に入っていると，自分のもの，自分たちのものとして実感を得やすくなります。

定期的な振り返りによる生きたルールづくり

　ルールができあがったら，それぞれの項目について毎週振り返りをし，達成度を数値化したり，うまくいったら花丸シールを貼って，実感できるようにしたりします。当然できなかったことも確認し，どうして達成できなかったか，どのようにすれば達成できるかを失敗から学ぶ姿勢で振り返らせたいものです。

　また，数か月に一度ぐらいの割合で，ルール自体も確認し，加除訂正したり，十分満足な場合はなくしてもよいと思っています。まさに固定したルールではなく実態に応じた生きたルールです。

　糾弾されたり，「〇〇してはいけないって先生が言ってたよ」になったりしないこと。生活ルールが我々のもので，ホッとできる関係をつくることで，自分もよく相手もよいという関係が醸成できるように，信頼関係を築きたいものです。

1月 発達課題と心のケアについて学ぼう②

✓ 集団の凝集性を高めることでリレーションを促進しよう

Keyword 凝集性，エンカウンターエクササイズの選定

集団の凝集性を高めるとは？

1月，この時期は学級集団のまとまりが話題になることがあり，凝集性を高めることができたか否かに触れることもあります。私は，集団の凝集性を高めるためには「個人と集団との関係」や「集団の成熟を段階的にとらえること」が大切になってくると思います。

集団（グループ）には，役割関係と感情交流の2つが必要であるとされていますが，たまたまバスに乗り合わせた人たちのような存在ではなく，役割がはっきりしたり，心理的なつながりを感じたりする関係があることが好ましい集団と言えます。

個人と集団との関係は，子どもたち一人一人の営みが，集団の雰囲気を形作っていくことになったり，集団の雰囲気が個人への影響を与えたりする関係にあります（相互作用）。よって，集団は子どもたち一人一人の言動や子ども同士の関係性の中で常に変化・変容していくことになります。

互いに高め合う集団の関係

集団として成立するためには，集団内のルール（規範意識）が確立し，定着していることが必要です。また，集団内にリレーション（心と心のふれあい）が確立していることも大切です。これらの2つの条件を満たし，集団と

文章完成法を活用した児童理解

月

文章完成法の手法で自己理解を深めさせよう

ord 文章完成法的手法「わたしは○○です」

成法的手法」を活用した自己理解

ども理解の方法として作文や日記，子どもの作品等を手がかり

るいです。文章力が作文を書く力がついてきている中学年にと

やり方です。ただ，文章で自分の考えを表したり，自分の気

することに抵抗を感じる子がいることも事実です。

きにおすすめなのが「文章完成法」を活用した自己理解です。

投影法の心理検査（人格検査，性格検査，心理分析を行う

，比較的曖昧な刺激を用いて，被験者に何らかの課題の達

）です。

れる検査はいろいろありますが，言語連想検査から派生

々は知的な面を評価する検査でしたが，現在では性格検

られています。

シートに「私の父は○○」「私はよく○○」など，未完

の部分にその続きを書いてもらいます。

構成や書き方などから，知能や性格，意欲や興味・関

心の安定性を含めたトータルな人間像を総合的に把握

書いてもらうことによりその人のパーソナリティ全

査になります。本人に実際に書いてもらうことで，

して成立した学級集団が，さらに成熟した学級集団へとして成長していくと「教育力」のある集団になるということです。

凝集性を高めるエクササイズの選び方

「教育力」のある集団であれば，凝集性を高める関係は成立しやすいです。ところが，最近の子どもたちの状態からもわかるように，互いに遠慮する関係にあったり，他の人とのかかわり合いを自ら拒否したり，避けたりする実態もあり，凝集性を高めるためには，個から数人のグループ，中集団，学級集団へと段階を意識してエクササイズに取り組ませることが大切です。

つまり，エクササイズの選び方としては，学級集団の状態により，言語的・非言語（ノンバーバル）的な分類や動的・静的なもの，話す・書くなどが考えられますが，集団の状態（現在地）を確認した上でエクササイズを選定することが大切になるということです。

また，直接的な話し合いやカードなどを使った間接的な交流，出会いの時期・まとまりのある時期などの違いも考えられますが，学級の実態や集団の雰囲気，発達課題などに応じた柔軟な対応が求められます。

言語・非言語の側面から

小学校低・中学年では，非言語的なもので身体接触（ゲーム感覚）があるようなもの。小学校高学年では，言語・非言語的なものを混ぜた，軽い身体接触があるようなものに取り組み，凝集性を高めたいものです。

動的・静的な側面から

活動の場所による制限も考えられますが，年齢が上がるにつれて静的なエクササイズにして「凝集度」を高めることをおすすめします。

1月 トラブル解決（個別）

ソーシャルアトムを使った
トラブル解決

> ✓ 椅子を使って心理状態を表しトラブルを解決する
> 🔑 Keyword　ソーシャルアトム，心情理解

ソーシャルアトムで心情理解

　中学年の1月。この頃になると特定の親しい友達ができる子もいて，仲良く遊んだり，じゃれてふざけ合ったりする様子が見られるようになります。

　中には心理的距離が近くなりすぎて，「この程度のことなら許されるだろう」「このぐらいなら大丈夫だろう」と高を括ってしまいトラブルになるケースが見られることもあります。

　そのときの心理状態は，たとえ仲良しの友達でも，相手に侵害されていることになり，決してよい関係にあるとは言えません。ましてやその関係をこじらせたり，悪くしたくないと思うとなかなか本音で言えなかったりすることもあります。そこで，人間関係を椅子を使って表現するソーシャルアトムを紹介します。

ソーシャルアトム

　自分の人間関係を椅子を使って表現する方法の一つです。自分から見て関係の遠い人は椅子を遠くに，親しい人の椅子は近くに置かせます。また，自分の方にその人の意識が向いているとか，背を向けているなど，その位置における椅子の向きを指定して表します。

　自分とその人との関係を距離と向きで視覚的に表現することができるの

で，自分と周囲の人たちとの人間関係を客観的にと

　〔例〕友達関係の心理的距離と親密度の確認

いつも仲良しなAとBがけんかをして，AがB

教 師	AさんがBさんを殴ったんだって。い
Bさん	Aさんが，ぼくは何もしないのに突
教 師	Aさん，Bさんの頭をたたいたので
Aさん	……。（うなだれて無言）
教 師	何か理由がありそうですね。B 夫？　突然だけどBさんはたた してくれるかな？　いつもは おきます。
Bさん	（椅子を背中合わせにして，
教 師	これはどうしてこうしたの
Bさん	Aさんが突然たいてき
教 師	なぁるほど，Aさんわ 次はAさんの番です。
Aさん	（それぞれの椅子を遠
教 師	これはどうしてこう
Aさん	何度やめてと言っ しゴムをBさんが
教 師	なぁるほど，B か？

※この後，たたいたこ
　互いに謝り，もうし

「文章完

　教師は，子
にすることが
っては，有効
持ちを伝えた
　そのような
　文章完成法
ときに用いられ
成を求める検査
　文章完成法と
した心理検査で，
査の一つとして用
　あらかじめワー
な文章を示し，〇〇
完成された文章の
心，生活史や人生観
していきます。
　文章完成法は，文章
体を推測していく心理

字の書き方，筆跡や行間などから印象を得て判断することもできます。

　ただ，中学年には自己を見つめることが難しいことや，本質的にカウンセリングを学んでいないと，客観的に分析したり，アドバイスしたりできないので，「文章完成法的手法」として簡略化したものの活用をおすすめします。

　また，分析の仕方には，形式分析と内容分析の２つがあります。

　形式分析は，どのような書き方をしたかという見方です。反応の長さ，文章が長文か短文であるかを見ます。短文を書く人に多い傾向としては，あまり自分のことを話したがらず防衛機能が高い，もしくは早とちりで粗雑な傾向があると分析できます。他に時間や文法的な誤り，筆跡や筆圧などからもパーソナリティの特徴は表れます。

　内容分析ではパーソナリティに関する知的側面や情意的側面，家族的要因や社会的要因などが読み取れます。

「文章完成法的手法」エクササイズ：「わたしは○○です」

　ワークシートには「わたしは○○です」という文字があり，空欄（○○に当たる部分）に思いついた言葉を書き込みます。

※書く内容は，自分の好きなこと，得意なこと，性格やタイプ，趣味，気に入っていることなどを書きます。集団の成熟度により，他の人が知らない秘密，過去の失敗談など自己開示をすることを伝えましょう。プライベートであればあるほど，親近感を感じやすくなります。

トラブル解決（集団）

2月 "協力"の仕方を 意識のずれから学ぶ

✓ シナリオロールプレイを行うことで，心情的に意識のずれに気付く

Keyword シナリオロールプレイ

掃除当番でのトラブル解決に向けて

　2月頃になると互いの心理的距離が縮むので,きっとわかってくれるだろうと思ってトラブルになることもあります。トラブル予防のエクササイズを紹介します。

ねらい　友達との "協力" についてできているときとそうでないときの場面を確認し，なぜ協力できないかを振り返り，意識のずれを修正する方法をみんなで考えて実践意欲をもつことができる（掃除場面を例に）。

活動1

問題の意識化

(1)　普段の生活の中で「友達と協力できないことで起こるトラブル」があることを振り返る（例：係活動や集会活動は協力できるが掃除当番はできない等）。

〔掃除当番でのエピソードの例〕

①いつも遅れてくる

②ほうきばかりやろうとして雑巾の担当をやりたがらない　等

(2)　掃除当番のリーダーBとメンバーA，C，Dになって，「掃除当番」をテーマにシナリオロールプレイする。

〔状況設定のシナリオ例〕

　Aさんは，いつも掃除のときに遅れてくる。たまりかねたリーダーの

Ｂさんは，「いい加減にしろ，もう掃除はしなくていいから見ていて」
と言って突然怒り出した。
A（掃除に遅れてくる）…掃除の途中でトイレに行かないように，先に
　　　　　　　　　　　トイレに行ってから掃除を始めたい
B（リーダー役）…全員がそろってから掃除をしっかりやらせたい
C（メンバー①）…リーダーの気持ちに共感している
D（メンバー②）…A・B２人の気持ちを知っている

(3)　ロールプレイの様子から，気付いたことや感じたことを発表する（ロー
　　ルプレイして，ロールプレイを見て）。

（振り返り）**解決方法の自己決定**

(1)　掃除当番でのトラブル場面のロールプレイから，Ｂリーダー役の立場
　　で，相手にわかりやすく気持ちを伝えるにはどのようにしたらよいかの視
　　点で，気付いたこと，感じたこと，提案したいこと等を振り返り発表する。
　　（例①叱って守らせる。②そのまま黙っている。③理由を聞いて，みんな
　　でよい方法を選ばせる。④先生に相談する。）
(2)　出されたことをもとに，自分だったらどのように断るかを自己決定する。

（活動2）

・振り返り（自己決定したこと）をもとに，「自分もよく相手もよい解決の
　方法」を確認し，ロールプレイする。
※基本的には③の方法で主張的に相手に気持ちを伝える方法がよいことを確
　認する。学年の実態や発達課題等により，「相手も尊重しながらも自分の
　気持ちをわかりやすく伝えるスキル」に結び付けていくとよい。

（振り返り）

・「トラブル解決」のためのポイントをもとに，やった活動2が活動1とど
　のように違っていたか，話し合いで出た気付きや感想，実感したことを発
　表し合う。

2月 二重自我法と自我分割法を使った トラブル解決

> ✓ 自分の本音に向き合うロールプレイでトラブルを予防する
> Keyword ダブル（二重自我法），自我分割法（エンプティチェア）

小4ビハインドはやる気の課題

　中学年の2月。いよいよ1年間の締めくくりの時期になりました。この時期は，1年間や学期ごとなどの節目の時期に立てた学級目標や自分の目標などの振り返りをする時期ですが，中学年のまとめにふさわしい振り返りの仕方や，この時期の学級づくりで気を付けることにはどのようなことがあるのでしょうか？

　中学年として課題にしてきた「9歳・10歳の壁」や「小4ビハインド」などは，成長過程で起こる心身のアンバランスさや，自分に自信がもてず自己肯定感が低くなってしまい，二次的要因として意欲がわきにくいために，やる気に結び付かず，結果的に課題の積み残しをしてしまうことが懸念され，心配されます。

　大人もそうですが，子どもたちも，目標や課題を達成するとちょっと安心感が出てしまい，満足してしまうことから，努力を疎かにしがちになってしまうということもあるようです。

　当然，人間関係づくりにおいても，じっくり関係を醸成し，支持的な人間関係にしていけば，互いの関係が親和的に深まることが予測できます。即効的に解決したり，関係改善を急ぐあまり，本音と本音のぶつかり合い無しに関係が形成されてしまうと，表面的な仲良し関係になりがちです。

　本音で付き合える自分づくりを目指して，ダブル（二重自我法）と自我分

割法（エンプティチェア）の２つを紹介します。

ダブル（二重自我法）

　二人羽織の２人のように，教師が子どもに寄り添うようにして一緒に動きながら，子どもの迷っている気持ちのうち一方を強調してつぶやいたり，子ども自身のはっきりしない気持ちや決心を表現したりします。子どもの気持ちを整理したり，気付きを促したりすることができるので，相手の気持ちを理解するのにも有効です。

〔例〕自分に自信がない子の主張

自我分割法（エンプティチェア）

　自分がジレンマを感じるような場面で，子ども自身が葛藤しているときに，「そうしたい自分」と「そうしたくない自分」の役を友達にやってもらい，本人の前でプレイしてもらうというものです。

　本人は自分の心の中の葛藤場面を視覚的に確認することになり，自分自身の姿を客観的にとらえることができます。

　２つの椅子を準備し，葛藤場面を想定して，子ども自身が椅子を行き来して自分自身の気持ちと会話をしていくエンプティチェアのほかにも，ハンドパペットやペープサートなどを左右の手に持って「２人の自分」として会話させるなどの手法もあり，実態に応じて活用できます。

〔例〕自分の課題や問題に気付かない子の指導

2月 KYTで安全・安心を目指す学級づくり

✓ 危険予知トレーニングで安全を意識させよう

🔑 Keyword 安全教育，KYT

そもそもKYTとは？

安全教育の一つにKYTというものがあります。そもそもKYTとは，キケンのK，ヨチのY，トレーニングのTをとった「危険予知トレーニング」の略称です。ねらいは次の2つです。

①全員参加でチームワークや感受性を高める。

②みんなでキケンを発見し，対策を考え合い，わかり合って実行する。

産業界や子ども会など，多くの職場で実践されています。

授業に活用する際の効果

産業界や子ども会でのKYTでは，興味のもてる視覚的なイラストシートを利用し，優れた効果を発揮しています。これは学校内での安全教育にも十分活用できます。KYTを行うことによって次のような効果が期待できます。

◙ **注意**…興味のもてる方法なので，「注意」をよく聞いていないといった子どもが少なくなる。

◙ **興味・利益**…ゲーム的要素があるので，興味がわき，学習効果が上がる。

◙ **欲求**…指導者が一方的に指示する「注意」ではなく，子どもそれぞれが自分の問題として考えやすく，話し合いが活発になる。

◙ **記憶**…実習によって注意力を喚起し，危険予知・回避能力が高まることから記憶にとどまる。

■ **行動**…具体的な安全教育であるため，行動へつながる。

準　備　資料の活用・KYT シートの作成

　各都道府県や市町村の教育委員会で作成している資料集やテキストなどがある場合は，それをそのまま活用したり，参考にして KYT シートを作ったりして使用します。手描きの絵でもよいのですが，シートにキャラクターを使用したり，教師を登場させたりするなどすると，子どもの関心が高まります。

　インターネットで無料の KYT の素材も利用できます。ぜひ活用ください。

流　れ

①状況の把握と危険の予測

　「この後どのようなことが起きると思いますか，グループで自由に話し合ってみましょう」

　役割分担（リーダー・記録係・発表係）し，ブレーンストーミング法（批判しない・質より量・他人のアイデアをまねしてよい）で話し合う。

〔子どもへの声かけ例〕

・全員がどんどん発言する・人の発言に文句を言わない

・気が付いたことは遠慮なく何でも言う

②「危険，事件・事故」の選定

　「ありそうな危険，起こりそうな事故を出し合い話し合いましょう」

③発表する

　話し合われたものをもとに，危険度ランキングとして発表する。

④シェア（振り返り）

　KYT をやってみて，気付いたことを振り返る。できる限り感情の言葉を付け加えさせる。

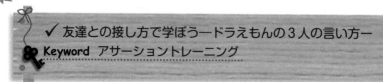
3月 アサーショントレーニングで 児童理解の技術を高めよう

✓ 友達との接し方で学ぼう―ドラえもんの3人の言い方―
🔑 Keyword アサーショントレーニング

相手にわかりやすい伝え方でトラブルを回避しよう

　1年間のまとめの時期になると子どもたちは，がんばってきた学習や友達と仲良く過ごせる喜びを実感できる時期でもあります。

　友達関係では，心理的な緊張がほぐれ，互いに言いやすくなる反面，友達の言動で気になることがあるとついつい強い口調で注意してしまい，トラブルになることもあります。相手の気持ちも尊重した場面に応じた対応で，さらに仲良くかかわり合える関係づくりにしたいものです。

　「相手にわかりやすく伝える」ことで，「友達と上手にかかわるスキル」を身に付けさせたいと思います。

頼み方名人になろう

ねらい　友達とのかかわりの中で「自分の気持ちをうまく相手に伝えて，頼みたいとき」の場面があることを知り，友達と上手にかかわるために，相手に自分の気持ちをわかりやすく伝えるスキルを身に付け，自分もよく相手もよい関係を意図的に醸成することに気付くことができる。

流れ

(1)　ドラえもんの登場人物になりきって「遊びに混ぜてほしいとき」をロールプレイする。

〔状況設定のシナリオ例〕

（○○の役…１人，Ａさんたち…３人）

Ａさんたち３人が楽しそうに遊んでいる。Ｂさんは，その楽しそうな遊びに入れてほしいと思って近寄って話しかける。そのときに「○○の役」になりきって仲間に混ぜてほしいと頼んでみる。

のび太君役…自信がなく，はっきり気持ちが伝わらない感じ

ジャイアン役…ちょっと乱暴で，一方的に自分の気持ちを伝えようとする

しずかちゃん役…主張的で明るくさわやかな感じで，混ぜたくなる

(2)　ロールプレイの様子から，気付いたことや感じたことを発表する（言ってみて，聞いてみて（ロールプレイした人），観察して）。

振り返り

〈要点をつかむ（主訴）〉

　　３人の役になりきったロールプレイから，相手にわかりやすく伝えるにはどのようにしたらよいかの視点で，気付いたこと，感じたこと，提案したいこと等を振り返り発表する。

(3)　「頼み方名人」を目指して

　　振り返り（自己決定したこと）をもとに，「わかりやすく伝える」ためのポイントを全員で確認し，ペアになってロールプレイする。

　※しずかちゃん役のように主張的に相手に気持ちを伝える方法のポイントを確かめて行う。学年の実態や発達課題等により，「相手も尊重しながらも自分の気持ちをわかりやすく伝えるスキル」に結び付けていくとよい。

(4)　「頼み方名人」になるためのポイントをもとに，いろいろな友達とペアになって頼んでみる。

３月　トラブル解決（集団）

3月 嘘をつく子への 対話的アプローチ

✓ カウンセリングの３つの技法で対話的に話し合い活動を！

Keyword 傾聴・応答・質問技法

嘘をつく子への対応の仕方を工夫しよう

　子どもがつく嘘は，家庭環境や生活経験などによる影響も大きいといわれています。トラブルがあったときにしっかり話を聞こうとしても嘘をつかれると二次的なトラブルを引き起こすことも出てくるので，早めの対応が求められます。嘘をつくのには様々な理由がありますが，心理学的には次のような嘘があるといわれています。

○**合理化**としての嘘…何かを失敗してしまったときに言い訳をする。

○**その場逃れ**としての嘘…苦し紛れに，ありもしない嘘をついてしまう。

○**利害**としての嘘…自分に利があるように受け答えをする。

○**甘え**としての嘘…自分に対する理解をしてほしくて嘘をつく。

○**罪隠し**としての嘘…犯した罪を隠すために嘘をつく。

○**能力**としての嘘…相手よりも優位に立ちたいという理由で嘘の事実などを話す。

○**見栄**としての嘘…虚栄心からの嘘。自分を粉飾するために嘘をつく。

○**思いやり**としての嘘…相手を思いやり，相手を傷つけない為につく嘘。

○**勘違い**としての嘘…意図的でなく，結果的に嘘になってしまう嘘。

○**約束破り**としての嘘…約束をするもそれが果たせず，結果的に嘘になる。

　子どもが嘘をついてしまうときの心理状況としては，主に"自己防衛本能が働いているとき"，"寂しさを感じているとき"などが多いようです。

我々教師が気にかけたいのは，"なぜ嘘をつくことになったのか"という嘘を語る背景についてです。次の例を参考にその理由を考えてみましょう。

その場をやり過ごそうとするケース

　Ａさんは友達のＢさんをたたいてしまったのに，「自分はたたいていない」と主張します。周囲の子はたたいたことを見ているので，担任のＣ先生は本人を問い詰めますが，事実ではないことを言って話をはぐらかそうとしています。

◤ 心理状態

　実際にやったのに事実を言わないとか，誰かに迷惑をかけたことについて嘘の話をするとかというケースは，反省していないのに，嘘をついてその場をやり過ごそうとしている状態です。

◤ 背景として考えられること

　家庭環境や幼少期の生活の中で，周囲の大人や友達がイライラしてしまい，感情的に怒りを向けられてしまうと，子ども自身の心が安定せず，自分に矛先が向かないように取り繕うような嘘をついてしまう場合が考えられます。いわば"自分を守るための嘘"です。

◤ 対応例

　このようなケースの場合，過剰なまでに怒られることに対して抵抗や恐怖心を抱いてしまっていると考えられます。その結果，怒られることや見捨てられることに極端に不安な気持ちを抱いてしまい，怒られないように人の目を気にしすぎたり嘘をついたりするようになってしまうのです。

　このような場合，「何かあるのでは……」ととらえて，少しずつ話を聞くようにしましょう。傾聴技法を活用して，本人が本音で話しやすい雰囲気をつくってから対応するとよいでしょう。

3月 3つの心理効果に気を付けよう

> ✓ 3つの心理効果に気を付けよう
> **Keyword** ダブル（二重自我法），自我分割法（エンプティチェア）

気を付けたい心理効果

　子ども理解は，公平で客観的であることが望まれるのはおわかりだと思いますが，教師としての経験年数や男女差，育った環境による価値観の違いなど，現実的には「気付きにくい場面や状況」や「とらえ方のこだわり（くせ）」などがあることは理解する必要があります。

　先輩の先生や保護者と話をしていて，自分自身のとらえ方と違うなと感じることがありますが，そのようなことは時々ありますね。

　それは，話をすることで差を埋めたり，違いをはっきりさせたりすることができます。

　①ハロー効果②ピグマリオン効果③ラベリング効果の3つのことは，教育効果を上げることもありますが，ともするとマイナスの効果をもたらしてしまうこともあるので，ゆがみを修正するように気を付けて対応したいものです。

① ハロー効果

　ハロー効果とは，ある対象を理解や評価するときに，目立ちやすい特徴に引きずられて，他の特徴についての理解や評価まで変わってしまう心理現象のことをいいます。

　「ハロー効果」は"思い込み"や"先入観"の一種で，それ自体ではそれ

ほど大きな影響力はありませんが，誤った子ども理解になりかねません。

【ハロー効果への対応例】他の人と話をして「ひょっとしてハロー効果が働いているのでは？」と確認し，冷静に分析する。

② ピグマリオン効果

　ピグマリオン効果とは，アメリカの教育心理学者ローゼンタールが発表した心理学用語のことです。実験では，教師が期待をかけた生徒とそうでない生徒では成績の伸びに明らかな違いが見られたことから，他者への期待値がその後の成長を決定付ける大きな要因の一つになると考えられている説です。

【ピグマリオン効果への対応例】学年で評価規準や好ましい姿を共有し，サンプル児童の類似点と相違点の差を確認する。（できれば異性の人が加わるとよい）

③ ラベリング効果

　ラベリング効果とは，相手に対して「あなたって〇〇な人だよね」と決めつけるようにラベルを貼ることで，1960年代にハワード・S・ベッカーによって提唱された社会心理学の理論です。ラベリングされた本人は，貼られたラベルの通りの行動をとるようになるといわれています。

【ラベリング効果への対応例】友達のよさは一つだけではないことや，弱点も，リフレーミングすることで見方が変えられることを伝える。

✓ 親子の叱る・叱られるの意識のずれに気付く

Keyword 意識のずれ，ロールプレイ

親子の対話ロールプレイ（子どものアンケートを使って）

　3月の学級懇談会では，10歳の壁に対応するための対応の一つとして親子の対話のワーク（7月のものよりレベルアップしています）を紹介します。

(1)　3〜4人のグループになり，簡単な自己紹介をする。その際「子育ての悩み」を一言付け加える。

Point▶ 恥ずかしがって言いにくいこともあるので，雰囲気によってはウォーミングアップ（簡単なエンカウンターのエクササイズ等）を取り入れるとよい。

(2)　普段子どもたちにしている「叱り方」を「保護者役」と「子ども役」「観察役」になってロールプレイする。役割を交換してそれぞれの立場でロールプレイする。

Point▶ 短い場面でよいこと，普段通り再現することを伝える。どうしてもやりにくいときや，やりたくないときはパスをする権利があることを伝える。

※観察者に，主なセリフ（キーワード程度でよい）を記録してもらうとよい。

(3)　振り返りをし，気付いたこと，感じたことなどを出し合う。

Point▶ どんな叱り方をされると，どんな気持ちがするかにしぼって振り返りをする。

(4) 子どもたちに行ったアンケート（例「いつもの叱られ方・ほめられ方」と「こんな叱られ方・ほめられ方ならいいのにな」）をまとめたものを紹介し，親と子の意識のずれや感じ方の違いがあることを知る。

Point 親の言いたいことはあるものの，「叱られる・ほめられる」がどのように子どもに伝わっているかに気付く。

(5) 「叱られ方」について取り上げ，工夫した叱り方やまねしてみたい叱り方，いちばん心に響いた叱り方，いちばんやる気が出た叱り方などについて，感想を言う。

Point グループだけだと聞き流してしまう場合もあるので，雰囲気によっては全体で振り返りをするとよい。

※できるだけグループや全体で出された生の声を取り上げるとよいが，もし出ない場合は，ドラえもんの登場人物のジャイアン・のび太君・しずかちゃんの３人の主張の仕方を提示するとよい。

(6) 話し合ったことをもとに，「やる気の出る叱られ方・ほめられ方」を「保護者役」と「子ども役」「観察役」になってロールプレイする。役割を交換してそれぞれの立場でロールプレイする。

(7) ロールプレイしたことをもとに，振り返りをする。

(8) 振り返りをもとに，参加者全員で話し合いをする。

　今回は，どの程度子ども役の素直な気持ちで反応できるか，いろいろな人の感想や気付きを聞いてみて，それを素直に受け入れられるかの２つがポイントになると思います。

　今回のロールプレイのねらいである，どんなふうに叱られたりほめられたりするとやる気が出るか，体験を通してある程度は実感できるでしょう。

　わりと頭の中ではわかっていることでも，忙しさや我が子の態度などにより，つい小言や大声を出してしまいがちな普段の生活を振り返ってもらえればすごく価値のあるワークになると思います。ぜひ普段の私たち教師の言動を振り返るきっかけにもしたいものですね。

参考・引用文献一覧

・國分康孝監修『現代カウンセリング事典』金子書房，2001年

・菅野純『教師の心のスイッチ　心のエネルギーを補給するために』ほんの森出版，2009年

・國分康孝監修，八巻寛治他編『エンカウンターで学級が変わるショートエクササイズ集』図書文化，1999年

・國分康孝監修，八巻寛治他編『エンカウンターで学級が変わるショートエクササイズ集 part 2』図書文化，2001年

・石隈利紀『学校心理学』誠信書房，1999年

・八巻寛治『心ほぐしの学級ミニゲーム集』小学館，2006年

・八巻寛治『心ほぐしの学級ミニゲーム part 2　みんながなかよくなれる学級ゲーム』小学館，2009年

・八巻寛治『エンカウンターの心ほぐしゲーム』小学館，2012年

・八巻寛治『やまかん流カウンセリング技法活用シリーズ 1　学級保護者会・懇談会の演出スキル』明治図書，2008年

・八巻寛治『やまかん流カウンセリング技法活用シリーズ 2　社会的スキルを育てるミニエクササイズ基礎基本30 コミュニケーションスキルを高めるために』明治図書，2009年

・國分康孝他監修，八巻寛治他編『育てるカウンセリングによる教室課題対応全書 5　いじめ』図書文化，2003年

・田村節子『親と子が幸せになる「XとYの法則」』ほんの森出版，2007年

・「一人一人が輝く確かな学級経営を目指して」釧路教育研究センター研究紀要第175号

・「平成24年度 若年教員研修のしおり　子どもと生きる」高知県教育センター

・河村茂雄『学級づくりのためのQ−U入門』図書文化，2006年

・「温かい学級づくりのために（Q−U活用リーフレット）」高知県心の教育センター

・「人権が尊重された学校づくりのためのチェックリスト（学習指導）」高知県教育委員会

・河村茂雄『学級集団づくりのゼロ段階』図書文化，2012年

・菅野純『教師のためのカウンセリングワークブック』金子書房，2001年

・「不登校チェックリスト」高知県心の教育センター

・嶋﨑政男『「脱いじめ」への処方箋』ぎょうせい，2013年

・久我直人『優れた教師の省察力』ふくろう出版，2012年

・高山恵子編，松久真実・米田和子『発達障害の子どもとあったかクラスづくり』明治図書，2009年

・黒川伊保子「ＡＩ研究者が語る　男女別　脳のトリセツ」『小五教育技術』2018年４月号，小学館

・『学級経営ハンドブック　「夢」・「志」を育む学級づくり（小学校編）』高知県教育委員会

・河村茂雄・藤村一夫編『授業スキル　学級集団に応じる授業の構成と展開　小学校編』図書文化，2004年

・河村茂雄・藤村一夫・粕谷貴志・武蔵由佳・ＮＰＯ日本教育カウンセラー協会企画・編集『Ｑ－Ｕによる学級経営スーパーバイズ・ガイド　小学校編』図書文化，2004年

・藤村一夫「学級づくりと授業力—学級状態の理解の方法と状態に合った授業—」『指導と評価』2006年２月号，図書文化

・「アンガーマネージメント・プログラム　スタートブック」滋賀県総合教育センター

・本田恵子『キレやすい子の理解と対応　学校でのアンガーマネージメント・プログラム』ほんの森出版，2002年

・滋賀ライフスキル学習研究会編『すぐに使える！ライフスキル学習プログラム（中学校）』

・高橋久『12歳からのエゴグラム　学校で生きぬくための心理学』ぺんぎん書房，2004年

・『授業のUD化モデル(2012年度版)』授業のユニバーサルデザイン研究会

あ と が き

　私はこれまで公立の小学校教諭や講師として38年間，銀行員として３年半，嘱託社会教育主事として25年間活動してきました。その間，全国の学校，研究会，教育委員会，セミナー，PTA講演会などで500回を超える研修会や講座を担当させていただきました。学級づくりや他者とのかかわり方が主なものですが，基本的には〝人間関係〟にかかわるものが多かったです。

　そこでよく質問されるのが「なぜあのバブルの頃に銀行員を辞めて，給料の安い教員になろうとしたのですか？」ということです。

　自分にとっては「思春期の気の迷い」から偶然にも銀行員になり，銀行員でいるときの自己啓発研修から，自分のやりがいを感じる〝子どもとふれ合う仕事〟に気持ちが向いたからと説明していました。

　しかし，教師を定年退職し，今は，「その時，その時の自分と向き合い，最高の自分探しを続けてきたから」だと思うようになりました。そのような拙い自分の経験や体験を，書籍や研修会の場でお伝えできたことはこの上ない喜びです。

　自分にとっての〝転機〟は，2011年に起きた東日本大震災です。それまでの自分の価値観や役割意識を大きく変えることになりました。「地元の人が苦しんでいるのに本などを出版して目立っていいのか」という思いが強くなり，「落ち着くまで出版はお断りしよう」と心に決めました。

　その後，熊本や大阪，東海地区などの地域を中心に〝震災後の心のケア〟をお伝えしていましたが，それぞれの会場で「ぜひ本が読みたい」「先生の技術を学びたい」との声をたくさんいただき，10年近くの時を経て，今回の出版の運びとなりました。

"オーラがない" は最高のほめ言葉

　研修会やセミナーの後に，感想やメッセージを頂戴することがあります。それらを年代別に自分なりにキーワードにしてみると，30代は「やる気と情熱」，40代は「技術とスキル」，50代は「納得と活用」，そして最近は「柔和な一般化」のようです。

　最近，ある研修会の後に「…いい意味で，これまでお会いした講師の方々と比べて，オーラがない。柔らかい雰囲気でお話する様子に…」というメッセージをいただきました。

　筆者がこれまで取り組んできたものでは，特別活動の実践技術やカウンセリング理論や技法，エンカウンター，心ほぐしミニゲームなど，一見スキル的なイメージの手法やハウツーのようなことなどを発信してきました。私自身は難しいことでも一般化したり，短時間で手軽に取り組めるショートやミニにしたりしていこうと思って実践してきたことです。

　その意味で，60代になって初めて "オーラがない" と評されたことは，私にとって最高のほめ言葉をいただいたと感じています。

　本書は「やまかんメソッドでつくる最高の教室」というフレーズを付けました。低・中・高学年すべてのページを筆者１人で書きました。前述のように，カウンセリングや心理効果のある取り組みをできるだけ一般化したつもりです。みなさんが困ったときの参考書としてぜひご活用いただけたらと思います。

　本書が，全国の子どもたちや保護者，何より先生ご自身の笑顔につながればと思います。

　2020年１月

八巻　寛治

【著者紹介】

八巻　寛治（やまき　かんじ）

元宮城県仙台市立小学校教諭。社会教育主事，宮城県教育カウンセラー協会副代表。上級教育カウンセラー，学級経営スーパーバイザー（Q-U等），ガイダンスカウンセラー，特別支援コーディネーター。

学級への適応指導の重要性を再認識し，いじめ・不登校・学級の荒れを予防するエンカウンターや，課題解決に向けたシナリオ（枠）を設けたロールプレイを取り入れた開発的な教育カウンセリングの研究や実践，荒れたクラスの立て直し等を目指して取り組んでいる。

月刊誌・新聞における連載のほか，著書を多数執筆。書籍累計販売数は約38万部にのぼる。

【著書】

『心ほぐしの学級ミニゲーム集』（小学館）

『構成的グループエンカウンター・ミニエクササイズ56選　小学校版』（明治図書）

『小学校学級づくり　構成的グループエンカウンターエクササイズ50選』（明治図書）

『エンカウンターで学級づくり12か月　フレッシュ版』小学校低学年・中学年・高学年（明治図書）

ほか，著書・編著多数。

八巻寛治　365日の学級づくり　中学年編
やまかんメソッドでつくる最高の教室

2020年3月初版第1刷刊 ©著　者	八	巻	寛　治
発行者	藤	原	光　政

発行所　明治図書出版株式会社

http://www.meijitosho.co.jp

（企画）及川　誠（校正）西浦実夏

〒114-0023　東京都北区滝野川7-46-1
振替00160-5-151318　電話03(5907)6703
ご注文窓口　電話03(5907)6668

＊検印省略　　　組版所　株式会社木元省美堂

本書の無断コピーは，著作権・出版権にふれます。ご注意ください。

Printed in Japan　　ISBN978-4-18-352212-2

もれなくクーポンがもらえる！読者アンケートはこちらから